年金をもらいながら働く、
新しい生き方

55歳からの
リアル仕事ガイド

監修
シニアライフアドバイザー
松本すみ子

朝日新聞出版

はじめに

人生一〇〇年時代の55歳からの新しい働き方とは

定年後は、もしかしたら人生で最も不安に満ちた時期かもしれません。

それはなぜでしょうか。定年後の生活がイメージできないからではないでしょうか。定年を迎えるまで、ほとんどの人は週5日、一日8時間働いてきました。人生でも忙しい30~40代は、働きづめで定年後のことまでじっくり考える余裕がない人が多いかと思います。

では、定年後の何がそんなに不安なのでしょうか。

一つは仕事です。定年後はどんな働き方をすればいいのか。お金を稼ぐということから、大きく意識改革もしなければなりません。

もう一つは健康です。定年後元気に続けられる働き方をすることも大切です。

本書では、定年を迎えた後、さまざまな職種で働いている人たちに、その仕事と巡り合ったきっかけから仕事に関する苦労と喜びを語っていただきました。みなさんの仕事でのやりがいは、定年前までの仕事でのやりがいとは違うものでした。お金よりも社会のために役立つこと、感謝されることと答える方がほとんどでした。ともすれば悲観的に伝えられる定年後の生活ですが、大きな目標よりも、今の自分の体力を考えながら人の役に立つという働き方は、定年後の働き方の一つとして参考になるのではないでしょうか。

本書では働き方によって、「現役時代の仕事を活かしたい」「新たに資格を取って働く」「前職にこだわらずに働きたい」「自分で仕事をつくる」「今までもこれからも同じ働き方で」「移住先で仕事を見つける」「好きなことで生きる」「ボランティアとして働く」と項目を分けてさまざまな働き方を紹介しました。

また巻末にはインタビューでは紹介しきれなかったさまざまな仕事や資格も収録しました。定年後の仕事の参考にしていただけたらと思います。

※本書の内容については、初版発行時の情報を中心に掲載しており、変更の可能性があります

目次

第2章 定年後の仕事のリアル　29

前職にこだわらずに働きたい

第3章 定年後の仕事の探し方 191

第4章 シニアの仕事と資格紹介 213

第1章

55歳からの働き方・お金の基礎知識

地域活動も視野に入れ生涯現役でやれることを見つけましょう

松本すみ子　シニアライフアドバイザー

シニアライフアドバイザーとして、各地でシニア世代に関する講演やセミナーの講師を務める松本すみ子さん。常にシニアの目線に立ったアドバイスがとても好評です。これからは地域での生活を第一に考え、地域デビューしながら、人生を豊かにすることを勧めています。

大きく違う——60歳退職と65歳退職

２０１７年の日本人の平均寿命は、男性81・09歳、女性87・26歳で、いずれも過去最高を更新しています。平均寿命まで、あるいはそれ以上に生きるとしたら、65歳からの年月をどうやって過ごしたらよいのでしょう。

会社員は、特に大企業であればあるほど、企業の中で生活が完結しているので、会社以外の世界を知る必要もなく過ごしてしまいがちです。そのほうが本人も仕事に集中でき、心地いいのです。今までは、会社に行けば仕事があり、年功序列で給料も上がるので、何の不安もありませんでした。

しかし日本には定年があり、ここで人生の大きな節目を迎えます。しかも、昔とは違い、寿命が延びたことによって定年後の時間が長くなり、第二の人生にも変化、つまりライフシフトが起きています。いったんリタイアしても、もう1回活躍できる人生があるということなのです。

「ああ、よい人生だった」と思ってこの世を去るためには、この期間をどれだけ充実させるかが大切で、どのような生きがいを持つかにかかってきます。働いてもいいし、ボランティアをしても何をしてもよいですが、自分はどういうふうに生きていきたいかをまず考えなくてはいけません。

60歳で人生を再検討するという意識が大切

定年後の生き方について、現役のうちは「自分は、何とかなる」と思っている人が多いように思います。さらに年金受給開始が65歳になったことで、再雇用制度により65歳まで勤められるようになり、定年後の人生を考えるのが65歳からになってしまいました。従来のように60歳で辞めていれば、65歳までの間に何かを始められたかもしれません。再雇用制度がある場合でも、まずは60歳で一度自分の人生を見直し、どのように生きていくかを検討する意識を持ってほしいと思います。

人生は四段階の時代へ

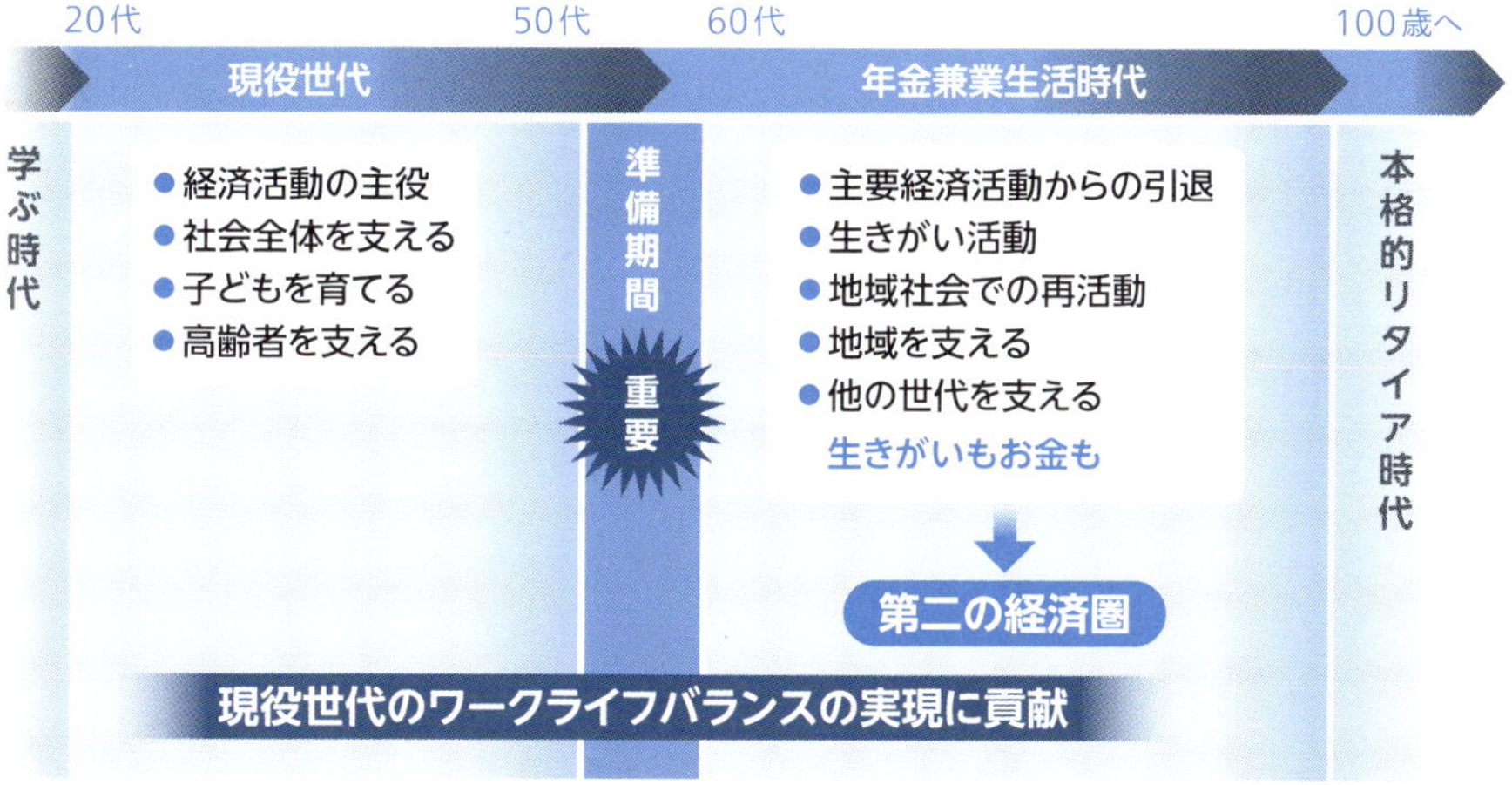

これまで会社で働いて身に付けた力や、関心があったこと、逆にやりたくなかったことなどについてじっくりと考えてみましょう。このタイミングで何かを見つけることができたら、それが生涯現役の活動や仕事になります。

セカンドキャリアでは価値観を変える

セカンドライフを考えるときに、私が提案しているポイントは4つあります。

❶医――健康が最も大切です。会社員は自ら申し込まなくても健康診断を受けられました。リタイア後は、自ら率先して受けましょう。

❷職――その日にやること、その日に行くところがあることが張り合いにもなります。「きょうよう」と「きょういく」を心がけ、アクティブシニアを目指しましょう。

❸住――住まいとは自宅だけでなく、地域社会のことも指します。仕事のあるなしに関係なく、地域に居場所をつくることが必要です。地域社会で、生涯現役となる活動や仕事が見つけられればベストです。

❹楽――人生には楽しみが必要。自分なりの楽しみ方を探しましょう。

成功体験やプライドは役立つ方向へシフトする

会社で優秀といわれてきた人は、成功体験がなかなか抜け切れず、第2の仕事でも

＊「きょうよう」と「きょういく」→「今日の用事」と「今日行くところ」

その意識のままに行動しがちです。またプライドの活かし方がわかっていません。そのプライドを今後他の役立つ方向へ転換できないでしょうか。仕事を探しながらも一方で自らできることを分析し、起業も考えてみるとよいと思います。フリーランスや、NPO法人、コミュニティビジネスなどを立ち上げる方法もあります。

誰でもそう簡単に自分のことを変えることはできませんが、今までの世界から視野を広げることで見えてくるものもあります。自分は何が得意で何が好きなのか、いったい何をしたくて、どのように働きたいのか、自由に考えてみるのです。たとえば食品関係にいた方ならば、ふるさと納税の返礼に使えるような商品開発に携わり、地域活性化のために動き始めるのはどうでしょうか。定年後のほうが、考え方次第で可能性は大きいのです。

セカンドキャリアにおける四つの柱

生活の基本は「衣・食・住」から「医・職・住・楽」へ

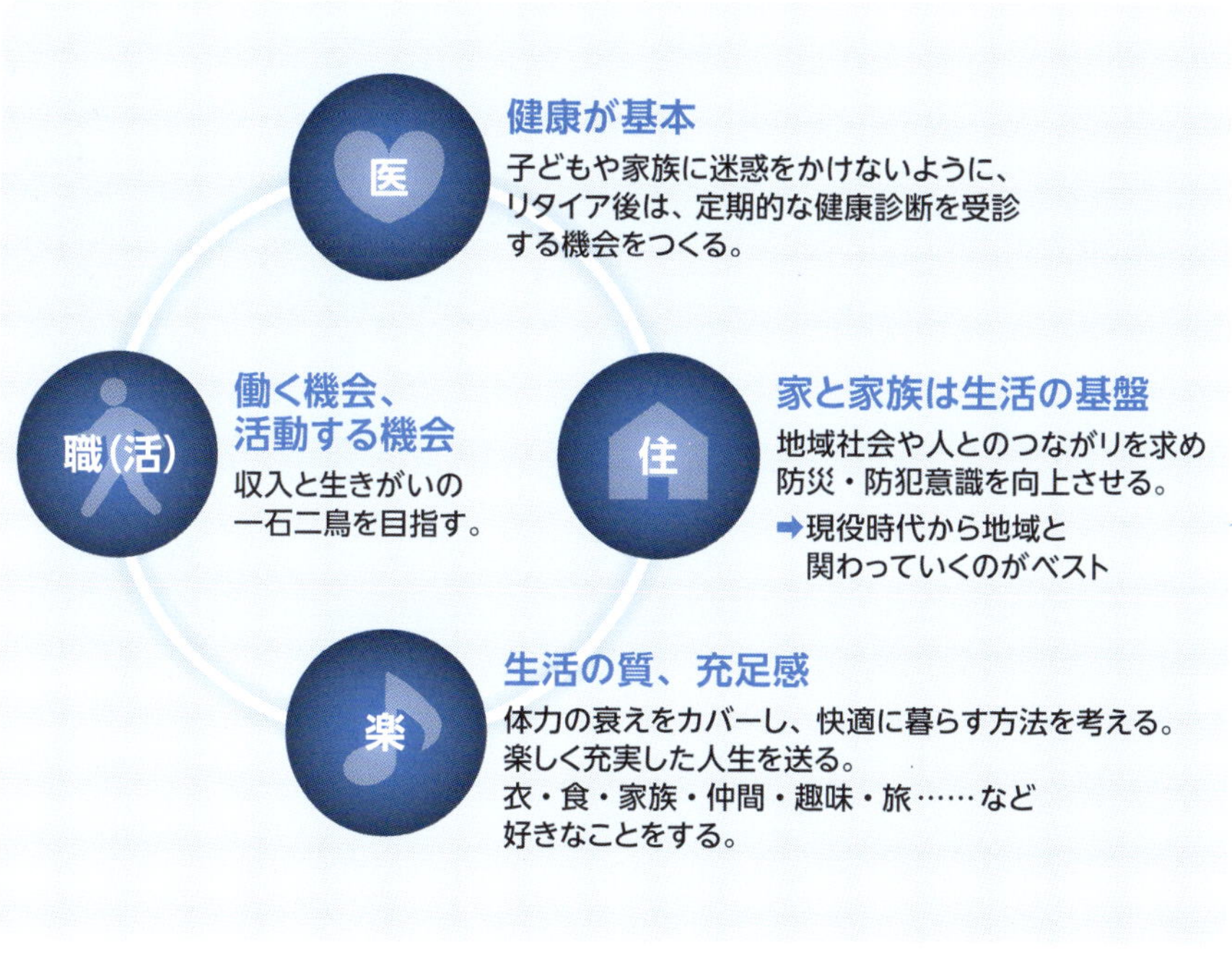
医
健康が基本
子どもや家族に迷惑をかけないように、リタイア後は、定期的な健康診断を受診する機会をつくる。
職(活)
働く機会、活動する機会
収入と生きがいの一石二鳥を目指す。
住
家と家族は生活の基盤
地域社会や人とのつながりを求め防災・防犯意識を向上させる。
➡現役時代から地域と関わっていくのがベスト
楽
生活の質、充足感
体力の衰えをカバーし、快適に暮らす方法を考える。楽しく充実した人生を送る。衣・食・家族・仲間・趣味・旅……など好きなことをする。

地域デビューのすすめ

地域デビュー講座が全国各地の自治体で開催されていて、講師を担当する機会が増えています。自治体は定年後の人に生きがいを見つけてもらいたい、健康でアクティブに地域で活躍してほしいと思っているからです。講座は市報やポスターなどで宣伝募集しています。新聞に折り込まれる区報や市報のほか、地域の公民館や図書館などでも告知しています。現役時代には関心がなかったかもしれませんが、地域の情報がたくさん掲載されているので、ぜひ見てください。

参加者は、1回30～50人程度で、最近は男性の参加が増えています。日本の男性は人見知りでシャイですから、勇気を振り絞って参加される方も多いようです。「あなたは今日席につくときに、隣の方にこんにちはと言いましたか？」と聞くと、ほとんどの方が「いいえ」と答えます。「じゃあ、近くの方と話し合いましょう」と促すと、堰を切ったように話し始めます。

実は、人は誰かとつながり、自分を表現したいのです。

第二の人生の名刺をつくろう

講座では、地域社会で知り合いになるための名刺をつくるように勧めます。会社の名前や肩書のある名刺ではありません。自分がやっていること、やりたいことを知ってもらうためのものです。まだ決まっていなければ、とりあえず「ただいま模索中」

地域デビュー講座ではシニアの目線に立ったアドバイスをする。

と書いておいてもかまいません。会話のきっかけづくりですから。
連続講座の場合は、次回の講座までに10枚ほどつくってきてもらい、名刺交換会をします。「地域も会社と同じで、初めて会った人には、自ら積極的に名乗らないと、知り合いはできません」と受講者には話します。

地域デビューからビジネスにつながる可能性も

「時間ができたのですから、自分の町を歩いてみてはどうですか？お宝がたくさん埋まっているかもしれないですよ」と勧めます。新しいマンションが建ったから、待機児童の問題が起きるのかもしれないなどと、人は自分の関心のあるところには目が行きます。

地域の小さな発見から、コミュニティビジネスを立ち上げることもできるかもしれません。コミュニティビジネスとは、地域社会のために行う収益を伴う活動です。自治体との協働事業として行うこともあります。

もしその活動でお金が稼げるようになれば、さらにセカンドライフは充実するはずです。社会で認められて、誰かの役に立つ。「ありがとう」と言ってもらえる仕事を探していくのはいかがでしょうか。

活動用の名刺をつくる

- 名刺はいつも10枚くらい持って歩く
- ポイントは「自分自身の紹介」

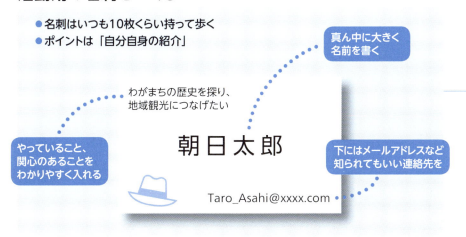

「いつまでも」「社会のために」働き続けたい 変わる定年後の働くイメージ

週に5日、一日8時間働くことが当たり前だった現役時代。ではリタイアしたらどんな暮らしぶりになるのでしょうか。働いているのか、働いているなら何歳まで働こうと考えているのか、シニアの意識調査から定年後の仕事へのイメージが見えてきます。

65歳から69歳でも半数以上が働いている

平均寿命が延び続けている日本ですが、定年後の世代では、どのくらいの人が働いているのでしょうか。

就業状態を調査した総務省の「労働力調査」（2017年）では、「自営業主・家族従業者」、「役員を除く雇用者」、「役員」を合計すると、55～59歳では、男性91・0％、女性は70・5％、60～64歳の男性は79・1％、女性は53・6％、65～69歳の男性は54・8％、女性は34・4％となっています。定年後は引退して、毎日のんびり過ごすという時代ではなくなっているようです。

65歳までは今の会社で働ける制度がある

国では、高年齢者が年齢に関わらず働き続けることができる生涯現役社会の実現に向け、「高年齢者等の雇用の安定等に関する法律」を制定し、雇用確保措置が取られています。65歳までの安定した雇用を確保するために、企業に「定年制の廃止」「定年の引き上げ」「継続雇用制度の導入」のうち、どれかを導入することを義務付けました。そして毎年6月1日現在の高年齢者の雇用状況の報告を求めています。その結果、継続雇用を導入した企業が、全企業の80・3％になりました。

■55歳以上の人の就業形態

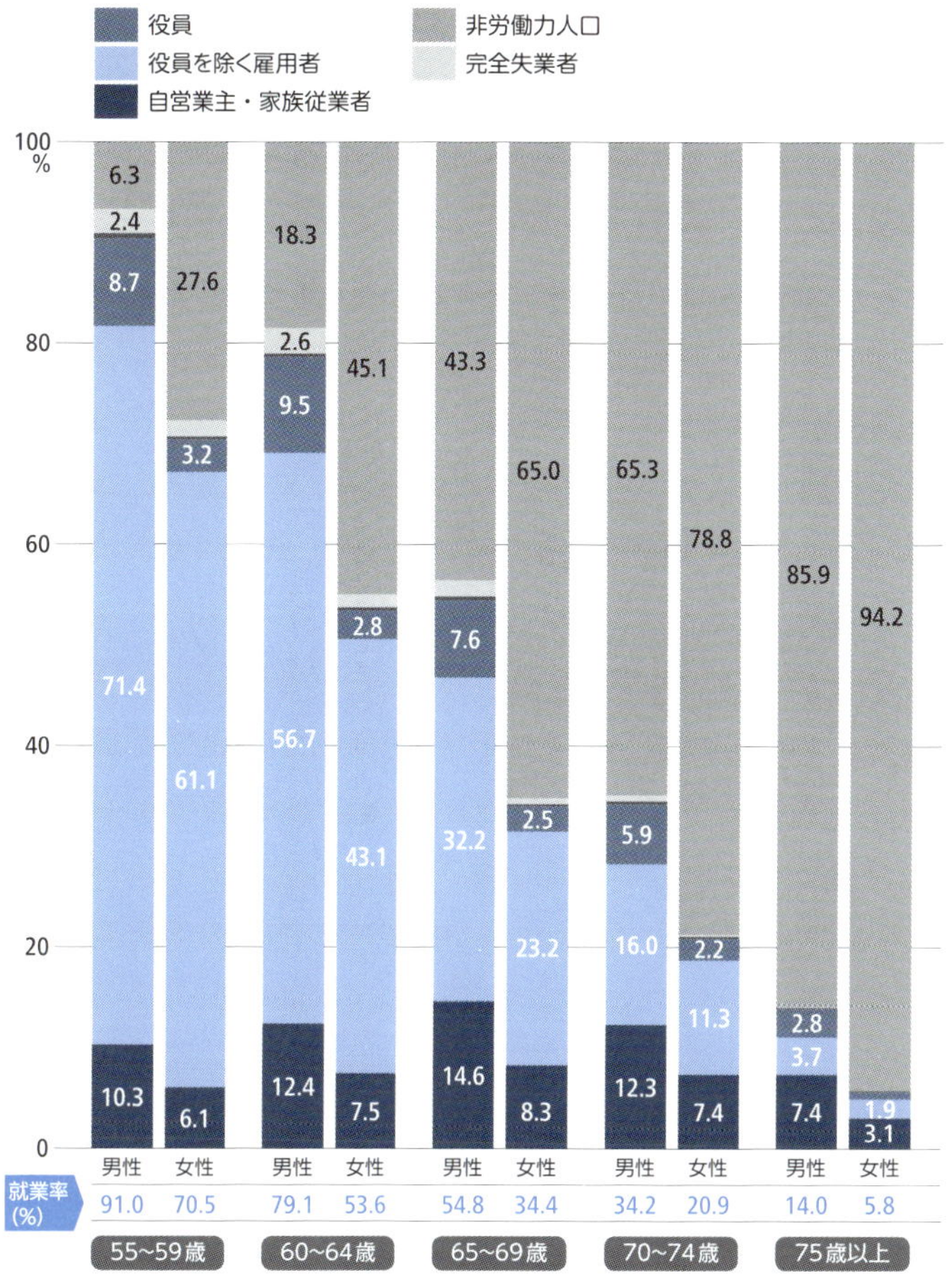

資料：総務省「労働力調査」（2017年）　一部改変

■雇用確保措置の内訳

資料：厚生労働省「高年齢者の雇用状況」（2017年）　全企業

体が元気ならいつまでも働きたい

働いている人は、何歳まで働きたいと考えているのでしょうか。内閣府の「高齢者の地域社会への参加に関する意識調査」では、「何歳くらいまで仕事をしたいか」という質問に、「働けるうちはいつまでも」が29・5％で最も多く、「70歳くらいまで」「65歳くらいまで」と続きます。65・9％が「65歳を超えても働きたい」と考えており、男女で比較すると男性のほうが、高齢になるまで、期間も長く働きたいと思っています。

働く理由については50代までは「経済上の理由から」が多いですが、年齢が高くなるのに従って「社会参加のため」が増えています。年金が支給されるようになると働く理由にも変化が出てきます。「就労にあたり重視すること」では、やはり健康不安もあり「体力的に無理なく続けられる仕事であること」が最も多く、「自分のペースで進められる仕事であること」を希望し、「勤務日や勤務時間を選べること」を重視しています。注目すべきなのは、「経験したことのある職種であること」が17％であることです。意外と前職にこだわらないことがうかがえます。

60歳以降に希望する就労形態は、女性の場合は「パートタイム（短時間勤務など）の社員・職員」が多いですが、男性は「フルタイムの社員・職員」を選ぶ人も同じくらいの割合でいます。

このような意識調査から、現代のシニアは、定年後は楽隠居ではなく、現役時代のように健康なら働くことを生活の中心におきたいと考えているようです。

■何歳まで仕事をしたいですか？

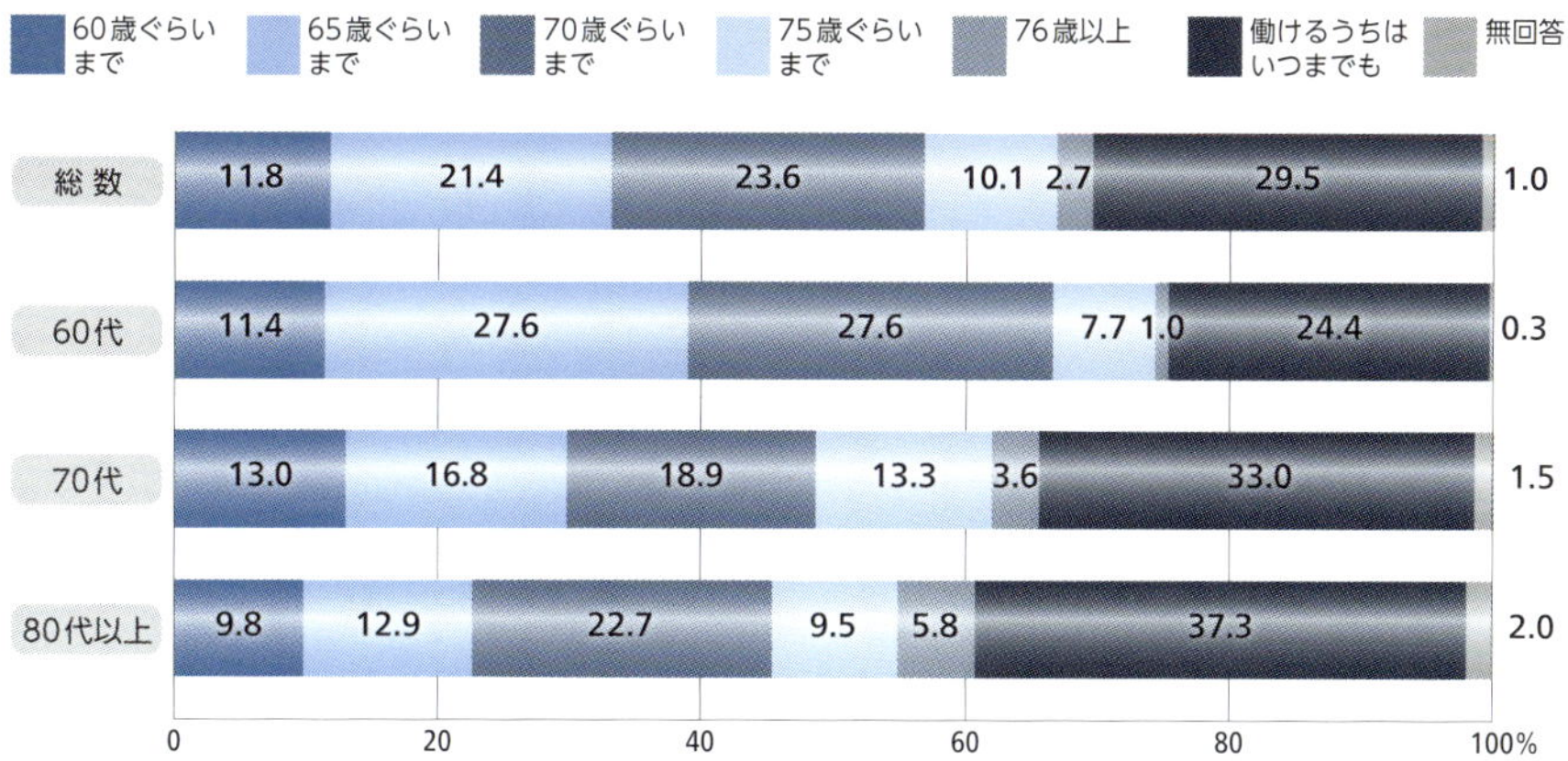

資料：内閣府「高齢者の地域社会への参加に関する意識調査」（2013年）

■働く理由

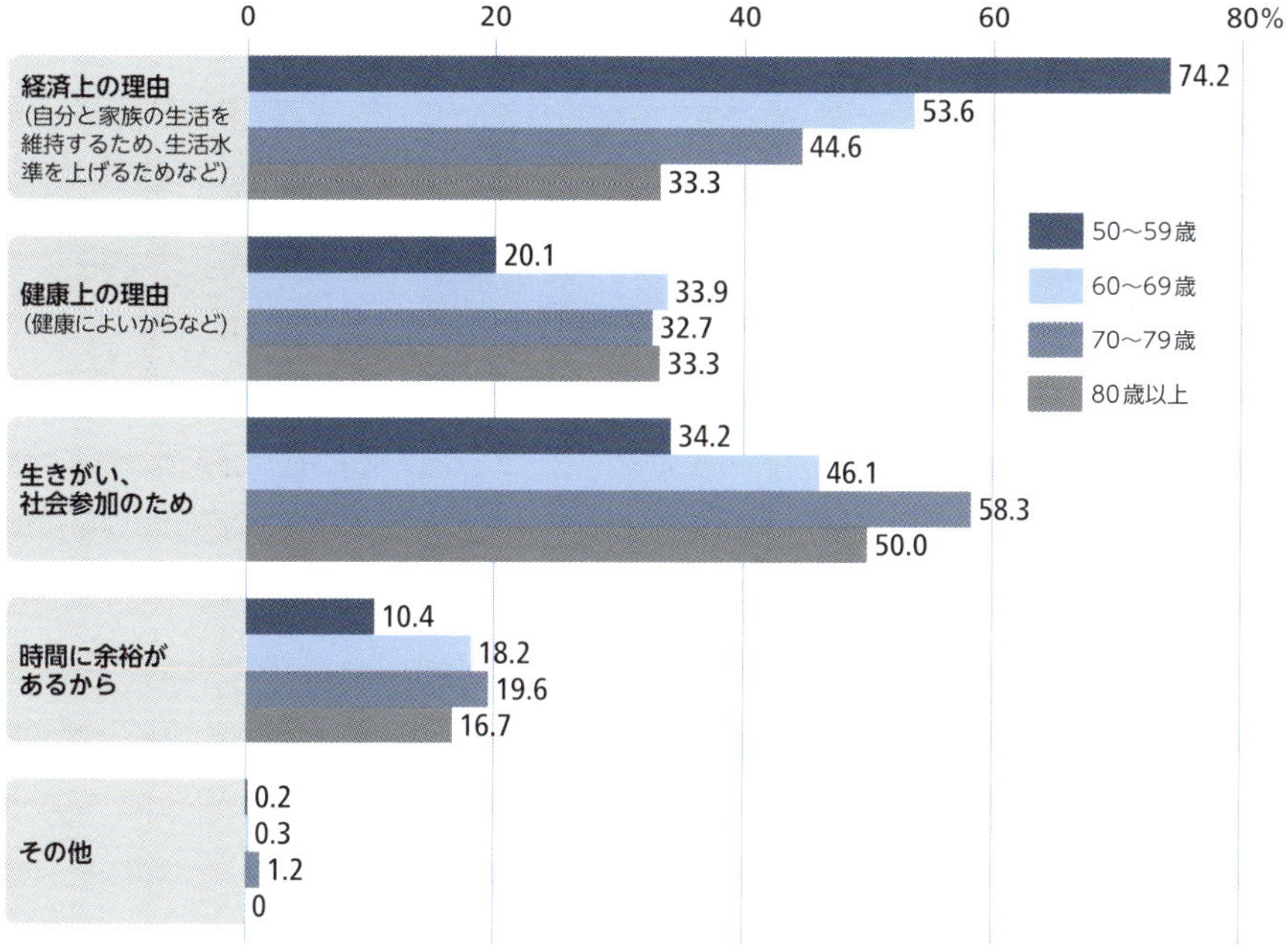

資料：厚生労働省「高齢社会に関する意識調査」（2016年）　複数回答

年金をもらいながら働く人のマネー講座

会社に勤めている間は、社会保険も税金も会社任せ……。
でも、退職後は全て自分で判断して手続きすることになります。
知らないと損するポイントを押さえておきましょう。

（情報は２０１８年７月現在のものです）

退職前後のお金の基礎知識

退職金からも税金を払う

実は長い間働いてやっと手にする退職金にも所得税や住民税がかかります。ただ、税額は低めの設定で、下の表のように、勤務期間20年超なら控除額（非課税枠）は「８００万円＋70万円×（勤続年数－20年）」。大学卒業後に38年勤めて退職する場合だと、「８００万円＋70万円×18年＝２０６０万円」で、退職金がこれ以下なら税金がかかりません。２０６０万円を超えた場合は、「超えた額×１／２」に課税されます。

勤務先に「退職所得の受給に関する申告書」を提出すれば、退職金から所得税や住民税が源泉徴収され、自分で確定申告する必要はありません。

退職後は住民税の負担が重い

住民税は１年間の所得で決まり、翌年の６月から翌々年の５月にかけて支払う仕組

■退職所得控除額（非課税枠）の計算式

勤続年数	退職所得控除額
20年以下	40万円×勤続年数（80万円以下のときは80万円）
20年超	800万円＋70万円×（勤続年数－20年）

●「退職金－退職所得控除額」の2分の1に課税される

みです。もし年末に退職すれば、翌年1～5月に払うはずだった前年分を最後の給与からまとめて払い、翌年6月から今年分の支払いが始まります。

退職前の収入が対象なので税額の高さに愕然とする人も多いようです。今の給与から引かれている住民税額から払うべき住民税額を推定して、あらかじめ準備しておくのがおすすめです。

定年退職でも失業手当をもらえる

少し意外なようですが、定年退職でも条件に合えば、雇用保険から失業手当をもらえます。また、60～65歳未満の人が再雇用などで給料が4分の3以下になったときは、雇用継続給付金を受け取れます。この給付金は「特別支給の老齢厚生年金（24ページ参照）」と同時受給できますが、給与額に応じて年金額を減らされるため、勤務先や年金事務所でよく確認してください。

なお、会社役員や経営者など、雇用保険に加入していない人は、これらの手当や給付金を受け取れないので要注意です。

■住民税は退職後に払う

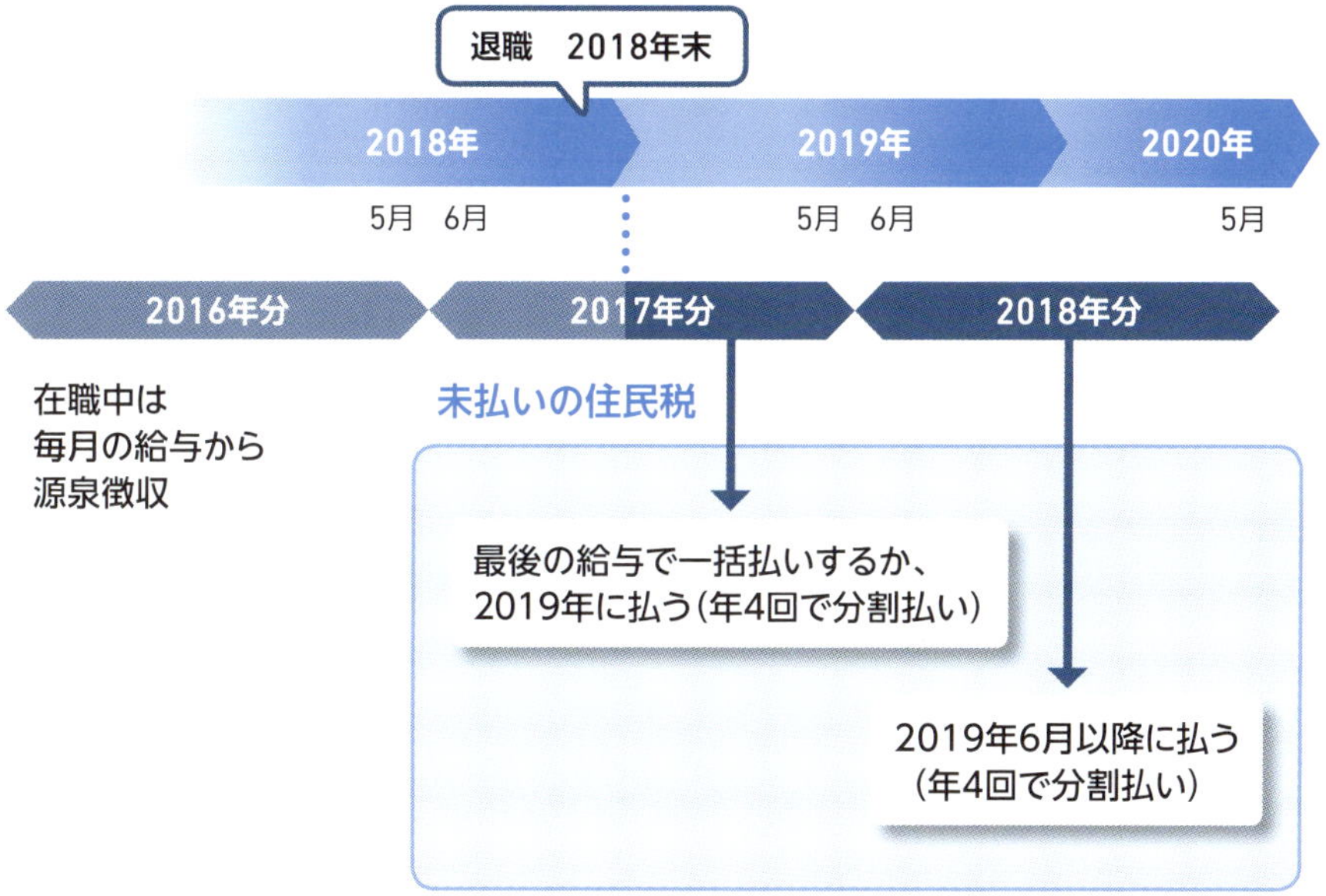

年金を減らされない働き方

厚生年金加入は70歳まで

公的年金は下の図のように、国民年金と厚生年金の2つを組み合わせるしくみになっています。国民年金に加入して保険料を支払うのは原則60歳までですが、厚生年金は70歳まで。会社勤務の形で働き続ければ、70歳まで保険料を支払い、一方で年金を受け取るという、少し不思議な形になります。

もっとも、保険料を支払った分はその後に受け取る年金額に反映されるので、決して損ということではありません。

給料が多いと年金を減らされる

60歳以降も厚生年金に加入して働くと、給与額に応じて受け取る年金額を減らされます。どれだけ働けば減らされるのか、気になるところです。

まず、65歳未満で年金を受け取る場合。男性は昭和36年4月1日以前生まれ、女性は昭和41年4月1日以前生まれだと、65歳になる前に年金の一部を受け取れます（特別支給の老齢厚生年金。下図の「老齢厚生年金」の部分）。この場合は、「年金月額＋給与月額」が28万円を超えると年金を減らされます（一部支給停止）。

■老後に受け取る公的年金

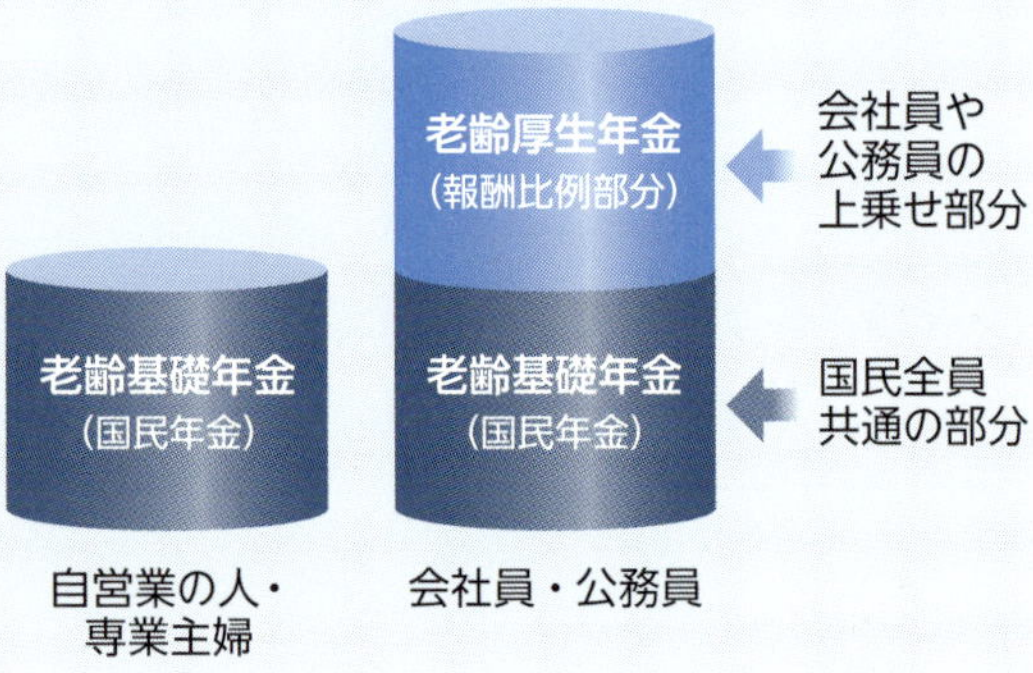

（注）公務員や私立学校教職員の加入していた共済年金は2015年から厚生年金に併合された

65歳以上で受け取る年金の場合は、「年金月額（老齢厚生年金の部分）＋給与月額」が46万円を超えると年金を減らされます。70歳以上の人が給与を受け取るときも、同様に減額されます。

いずれの場合も年金や給与が多いほど年金額を減らされ、一定額を超えると年金は全額支給停止になります。支給停止になった年金は、その後も受け取ることはできません。

ただし、減額されるのは老齢厚生年金の部分のみで、老齢基礎年金が減額されることはありません。

年金が減額になる場合

受け取れるはずの年金を減らされるのはイヤだから仕事はしたくない、と考える人もいるようです。でも、年金が減額になるのは、厚生年金に加入して働いた場合だけで、自営業やフリーランスとして働くなら、年金が減額になることはありません。

こうした点も頭に入れて、定年後の働き方を考えてはどうでしょう。

■どれだけ働くと年金が減る？

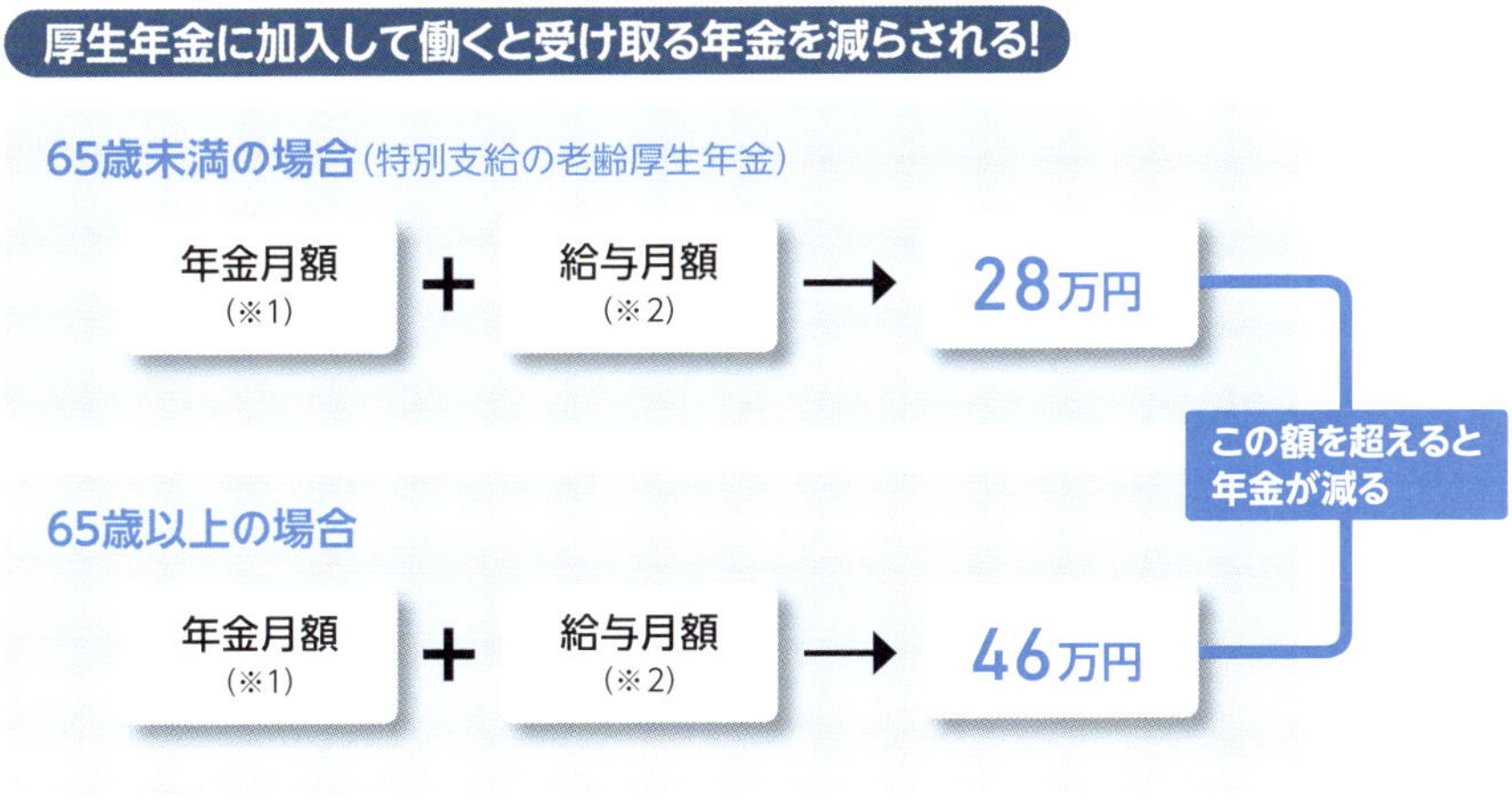

（※1）老齢厚生年金額（年額）÷12。老齢基礎年金は含まない
（※2）毎月の給与（標準報酬月額）＋年間賞与÷12
（注）　図中の28万円、46万円は2018年の額。今後変更になる可能性がある

年金を受け取るときの基礎知識

年金は毎月もらえない

公的年金の支払いは2か月に一度で、偶数月（2・4・6・8・10・12月）の15日に2か月分がまとめて支払われます。給料のように毎月受け取れるわけではないので、家計管理には今まで以上に計画性が必要になります。

年金にも税金がかかる

老後生活の柱である年金にも、税金がかかります。ただし、退職金と同様、税額は少なめの設定です。厚生年金や国民年金、企業年金については、65歳未満で受け取る場合は合わせて70万円、65歳以降は120万円まで所得税がかかりません。これを超えた分は「雑所得」として課税され、地方税と合わせて年金から源泉徴収されます。

なお、企業年金を一時金として受け取った場合の税金は、退職金と同じ扱い（22ページ参照）になります。

年金からは税金のほか、健康保険料や介護保険料など社会保険料も天引きされます。高齢者の社会保険料が年々上昇していることも、頭に入れておきましょう。

繰り上げ受給・繰り下げ受給どちらが得？

「年金は65歳から」が原則ですが、受取開始の時期は60〜70歳の間なら、1か月刻み

■年金から天引きされるもの

- 所得税
- 住民税
- 国民健康保険料（75歳未満）
- 後期高齢者医療保険料（75歳以上）
- 介護保険料

年金が一定額を超えると天引きされる。目安は年金額の10〜20％程度。

で決められます。早く受け取るのが「繰り上げ受給」、遅く受け取るのが「繰り下げ受給」です。

ただし、年金額は65歳で受け取る場合とは変わり、それが一生続きます。繰り上げ受給では1か月あたり0・5％減り、60歳から受け取れば30％減額。繰り下げ受給では1か月あたり0・7％増え、70歳から受け取れば42％も増額になります。

下の表には受給総額が65歳受給開始の場合と逆転する年齢を入れましたが、人は何歳で死ぬかわからないので、受給総額で損得を比べてもあまり意味はありません。それより、その年金額で生活費が足りるか否かのほうが重要です。もし65歳以降も年金を受け取らずに働いて受給を繰り下げれば、その後は増額になった年金だけで生活できるかもしれません。

繰り上げ受給、繰り下げ受給した場合の正確な年金額や手続きについては、わかりにくい部分も多いため、年金事務所に問い合わせるのが確実です。

■受給を繰り下げれば年金額が最大42％増える

	1か月あたりの増減率	5年間繰り上げ／繰り下げると	受給総額を65歳受給開始と比べると
繰り上げ受給	0.5％減	30％減（受給開始60歳）	76歳で逆転（長生きするほど損）
繰り下げ受給	0.7％増	42％増（受給開始70歳）	81歳で逆転（長生きするほど得）

●この年金額が一生続く。
●年金月額20万円の場合
30％減➡月額14万円
42％増➡月額28.4万円

定年後のために

❶

定年後に役立つブックガイド

現役時代、職場は日々のさまざまな情報源であり、自分の業務や関心と直接結びつかない情報にも接することができる場所でもありました。定年後は、まず以下に紹介した本を読んでウォーミングアップするのはどうでしょう。

『定年後 50歳からの生き方、終わり方』

楠木 新
（中央公論新社）

著者自身の経験とともに、多くの事例が紹介されているので内容が身近かに感じられる。定年後の生き方を考えるヒントになる一冊。

『LIFE SHIFT（ライフシフト）』

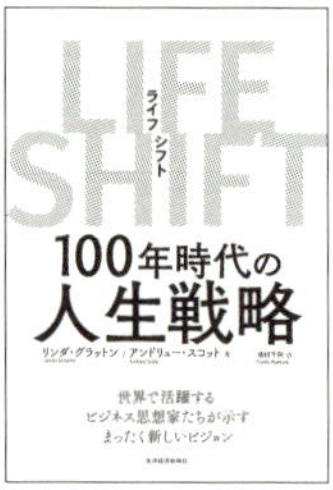

リンダ・グラットン／アンドリュー・スコット著
池村 千秋訳
（東洋経済新報社）

人生100年時代という新しい人生戦略を提示した書。「人生100年」という言葉は本書がはやらせたといわれている。

『すごいトシヨリBOOK トシをとると楽しみがふえる』

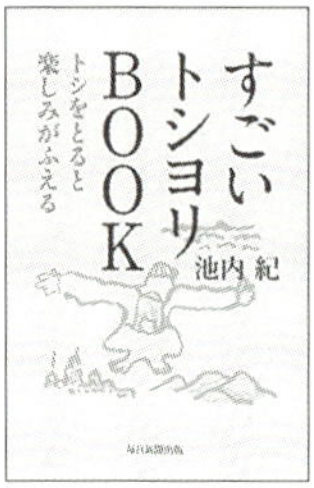

池内 紀
（毎日新聞出版）

カフカやゲーテの翻訳で知られるドイツ文学者が、70歳を迎えてつけ始めた「自分の観察手帳」をもとに「楽しく老いる極意」をユーモアたっぷりに紹介。

『定年入門 イキイキしなくちゃダメですか』

高橋秀実
（ポプラ社）

定年がないノンフィクション作家が、定年後の人生を歩む人に取材し、「定年のナゾ」に迫ったインタビュー集。ここで描かれる定年後は興味深く、温かい。

『定年ゴジラ』

重松 清
（講談社）

定年小説といえば本書。ニュータウンに暮らす定年前後のオヤジたちの哀歓を描く本書に、思わず定年後の人生を重ねてしまう。今もなお根強い人気作。

『老後のお金 備えの正解』

有山典子
（朝日新聞出版）

老後のお金に関する基礎知識をコンパクトにまとめた書。老後は投資よりまずお金に関する思い込みをなくすことが大事と訴えている。

第2章

定年後の仕事のリアル

定年後は人の役に立ちたくて
都市銀行マンがシニア人材会社を起業

中原千明さん［70歳］

都市銀行でマネジメント職を歴任した中原さんは、定年退職後、
社会貢献を視野に入れて、基金運営研究所株式会社を設立。
年金数理人・証券アナリストや社会保険労務士などさまざまな資格や
業務経験を持った定年後シニアが集まるようになり、
これらの人材を活かした事業を展開しています。

PROFILE

なかはらちあき●1973年慶應義塾大学卒業後、都市銀行に入行し、不動産や企業年金などの業務に従事。定年退職後、基金運営研究所株式会社を設立。2012年一般社団法人年基金運営相談センター理事長就任。2013年株式会社CNコンサルティングを設立、各分野の専門知識を持つシニア人材を雇用して幅広い業務にあたっている。

――中原さんが設立されたのはどんな会社ですか？

私は大学卒業後、都市銀行に入行し、預金・貸金業務の他不動産や企業年金などの幅広い業務に従事しました。54歳で銀行の関連企業に転籍、そこを60歳の定年まで勤めました。**実は前から会社を辞めたら自分で会社を設立して、社会のお役に立ちたいという気持ちを持っていました。**関連企業に勤めているときに、厚生年金基金や企業年金基金とお付き合いがあり、そこでは年金資産の運用コンサルティングに加えて、基金運営や年金財政についてのコンサルティングに対する強い要望があることを知りました。そこで、基金運営のプロを集めて会社をつくり、社会貢献をしたいと考え、61歳で基金運営研究所を設立しました。

幸い、この会社には資産運用のプロである証券アナリスト、年金財政の専門家である年金数理人、基金運営のプロである基金の役員ＯＢなどが参加してくれました。また、会計士、弁護士、税理士、社会保険労務士などいろいろな分野の専門家も次々と参加してくれています。

現在は、法律改正などによって厚生年金基金は少なくなってしまいましたが、新たな社会的要求に応えるために、会社の業務内容を見直し、今年設立10年を迎えることができました。これからも社会貢献できるのではないかと思っています。

――シニア人材を中心とした会社ならではの特長がありますか？

うちの会社は考えようによっては「ゆるい会社」です。売上のノルマも、社員同士の競

仕事メモ

★ **勤務日数：月曜日～金曜日**

¥ **収　　入：社長としては無報酬**

争もありません。**定年後のメンバーが集まって働いている会社なので、利益よりもやりがい、生きがいを重視しています。**収益至上主義ではないところが大きなパラダイムシフトなのです。それなのに、うれしいことに黒字経営が続いています。

また、一級建築士・宅地建物取引士なども集まってくれたので、彼らの活躍の場を広げたいと考え、65歳のときに新たに株式会社CN総合コンサルティングを設立しました。各分野のプロフェッショナル集団が不動産や保険代理、投資家への運用商品の紹介、相続対策、M&Aなどの事業を展開し、お客さまの悩みや問題点をトータルにコンサルティングして解決しています。現在、スタッフは2社合わせて22人です。

——社員の人たちにはどんな待遇にされてますか？

勤務日数や勤務時間は本人の希望で決めています。同一賃金、同一労働を旨としているので、公平にするために時給制にしています。

積極的な営業活動はしていませんが、いい仕事をしていれば、自然と仕事の話が舞い込んできます。5年ほど前からは、3か月に1回くらい著名なエコノミストを講師に招いて、セミナーを開いています。どうしたら儲かるかなどという内容ではなく、世界経済はどこに向かっているのかなどマクロな話がテーマです。これも続けていたら22回になりました。スタッフはそれぞれ専門家として各業界にいろいろな知り合いがいますから、会社の社長やお役所のOBなど資産家や事業主が毎回熱心に参加して勉強を続けています。

クライアントから相談を受ける中原さん（左手前）。

——会社を続けていくための秘訣はありますか？

60歳を過ぎた人が会社を立ち上げる場合は、すぐに収益を上げようとしないほうがよいでしょう。私は儲けようと資金を多く投入したりせず、いつでも後戻りできる範囲で行う安全策をとってきました。銀行から借り入れしても、利益が出なければ当然赤字になります。借金をしないで2年くらいの固定費をストックしながら、売上計画を立てていくことをお勧めします。

私の場合、会社を続ける目標は5年でした。5年続いたら、もう少しやってみよう。うまくいかなくても、「5年続いたんだからよかった」と、やめることを決断できます。会社を継続することを念頭においているので、私は代表としての報酬をCN総合コンサルティングからはいただいていませんし、銀行からの借り入れもありません。現在の課題は、後継者をどうするかということですね。今後、ゴーイングコンサーンをめざし、社員の年齢層の拡大につとめたいと考えています。

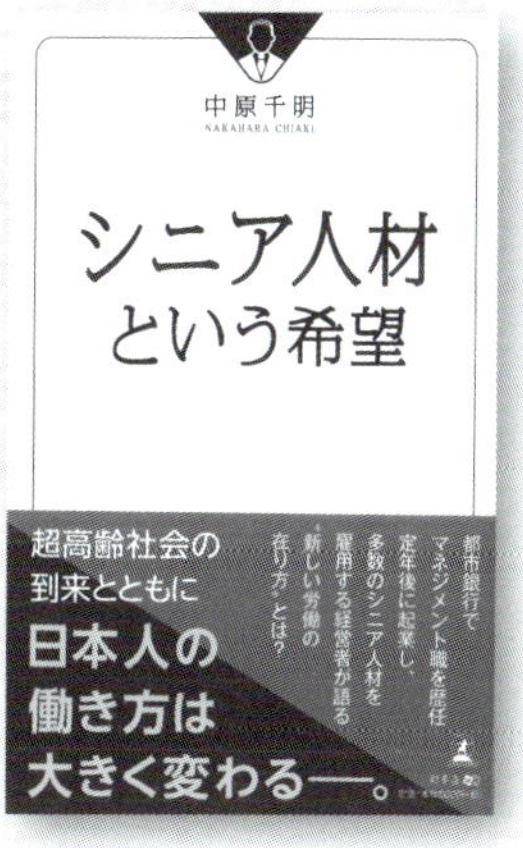

『シニア人材という希望』（幻冬舎）
定年後著書を出版。中原さんの取り組みや考え方が詳しく紹介されている。

校正者をしながら埼玉と故郷・福岡を往復
地域雑誌を発行

武藤久登さん［65歳］

武藤さんは福岡県生まれ。
東京の出版社などをクライアントにフリーランスの校正者として働きながら、
60歳を目前にして故郷の筑後地域の歴史・文化を中心とした
雑誌の発行を始めました。

撮影／木村真成

PROFILE

むとうひさと●福岡県久留米市出身。埼玉県在住。2012年から福岡県の筑後地域文化誌『あげなどげな』を発行。趣味は歴史散歩。

――今までどんな仕事をされてきたか教えてください。

大学を出て新聞校正、デザイン会社で営業を経験した後、フリーランスになりました。デザイン会社を辞めたのは結婚して子どもが生まれたばかりの35歳。営業の仕事はとてもハードで、体調を壊して入院もしたので、家族を守っていくには別の道を選ぶしかないと思いました。見かねた会社の社長から、自分が加入している経営者団体の機関誌で編集者を探しているからと仕事を紹介されました。その会社では企画会議に参加して取材・撮影・レイアウト・校正とほとんど全てに関わり、団体会員の社長から話を聞くことで、商売の難しさ楽しさも疑似体験しました。

一時期はこなせないくらい仕事がありましたが、バブルがはじけた途端に売り上げは一時期の半分に。なんでもこなせると高をくくっていて、どれ一つ専門といえるものがなかったのが敗因でした。校正が自分としては確実にやれる職能だと考え、校正者仲間と交流しながら技術を磨き、自分の背骨になる部分を強化していきました。また、クライアントも団体中心の仕事から、出版社の仕事も請けるようになり、仕事も順調にありました。

――地域雑誌を故郷で発行することになるきっかけは？

60歳を目前にして、東京で仕事をしていくことに、違和感を覚えるようになります。福岡の田舎を出て40年、田舎を捨てたと思っていたのに、故郷のことが気になり始め、自分は何をするために生きてきたのか、東京でこのまま老後を迎え、高齢者に優しいとはいえない都市で暮らしていけるのかと考えたとき、故郷に帰る選択肢を考え始めます。高校の

仕事メモ

★ 勤務日数：不定期
◷ 勤務時間：不定期
¥ 収　　入：今のところ雑誌による収入ゼロ。
校正などの仕事で月に15万円

同窓会仲間に「一緒に故郷に帰らないか」と話題を振ると、「東京で社会関係をつくってきた者にとって、そんな選択肢はない、そんなことができるのは身軽なおまえくらいだ」と言われ、一人でやるしかないと考えました。**これまで身に付けてきたものを故郷で活かすには、雑誌をつくることしかないと、故郷の雑誌発行に思い至りました。**

２００９年から２０１０年にかけて構想を練りましたが、実は地元のことを何も知らないと感じていました。先にUターンした高校の友人に相談し、郷土研究会、筑後川流域の連携をつくるNPO、河川専門図書館主宰者に協力を依頼すると快諾を得たので、発行の準備を始めました。２０１１年は東日本大震災が起こり、先延ばしにしようかと考えましたが、思い直して２０１２年夏に創刊しました。年2回発行で有料、取次は通さず、地元の書店と商店で販売。広告は入れない。内容は参考にしたいものがありました。東京の下町、谷中・根津・千駄木地域の雑誌『谷根千』です。地域の文化人、商売人、街、自然などを足で歩いて調べて、人に聞き、それを活字に起こして雑誌にするスタイルでした。

故郷の情報を取材して、埼玉の自宅で編集・校正する形で、年に4回編集会議を福岡で行い、そのときに取材もする。年に4回の帰省でできると当初は思いました。実際には行事に合わせて帰省が必要なときもあり、年に5、6回帰り、取材しました。ところが昨年の夏に母が脳梗塞で倒れ、介護するために毎月帰省するようになりました。

――仕事のやりがいを感じていますか？

『あげなどげな』の発行経費はぎりぎりまで縮めたものの購読者が増えなくて、赤字で発

12号からは取次を通して全国の書店に並ぶように。ネットでの販売も考えている。

行し続けてきましたが、２０１４年から、発行継続のための協賛金として寄付を募るようにしたところ、経費を賄えるぐらいのものが集まるようになりました。

地域再生には、地域の人がこれこそ他にはない自分たちの宝だと自慢できるものを探すことが一番です。そして地元にお金が落ちる仕組みをつくるための宝さがしのツールであり、地域にとって何が大切なのか考えてもらえるメディアとしての期待が大きいと感じています。自分の目で見、耳で聞き、肌で感じたものを伝えるのが醍醐味なので、ここは大事にしていきたいと思います。これが自分に与えられた天命なのではと感じています。

雑誌の採算を考えると、ときには気分が沈んでしまうこともありますが、**読者から「知らなかった」、「なつかしいね」、「そうだったんだ」、「こんなこともあるよ」と感想が届いたときにはやりがいを感じます。**取材した人から次の取材対象者を教えてもらったり、読者を紹介してもらうこともあります。協賛金でサポートを実感したときもうれしいです。

——これからも同じペースで発行していきますか？

雑誌創刊10周年を迎えられればいいですね。表紙含め36ページですが、当面このページ数で年に3回発行していきます。基本的に自分一人で制作しているため、継承を考えて、若い人を一緒に取材に連れて行き、後継者を育てるようにしています。もともと人見知りなのですが、声がかかったら出かけていきます。雑誌は後継者ができれば任せて、フリーランスとして細々と校正の仕事を続けていこうと思います。生活スタイルの目標は、１日2～3時間校正、雑誌づくり2時間、後は野菜づくり1～2時間です。

やりがいを求めて早期退職
クラウドファンディングも利用し映画づくり

原村政樹さん［61歳］

対象を徹底的に取材して、じっくり時間をかけて30年、
記録映画をつくってきた原村さん。退職後最初のテーマは、
江戸時代から360年間変わらずに落ち葉堆肥農法で野菜づくりを続ける
埼玉県南西部（川越市・所沢市・三芳町）の農業でした。

写真提供／映画「武蔵野」製作委員会

PROFILE

はらむらまさき●東京都出身。上智大学卒業後ドキュメンタリー映像制作会社桜映画社に入社し、2016年退社。映画『無音の叫び声』が書籍と共に第31回農業ジャーナリスト賞をダブル受賞。

――会社を辞めてフリーになる決断をされたのはいつですか？

31歳から桜映画社という会社に所属して、企業のPR映画や教育関係の映画、NHKのETV特集やテレビ東京の『カンブリア宮殿』などの番組をつくりました。仕上げの段階になって、こちらが受け入れられないような意見を言われるとストレスがたまることもありましたが、常に取材や撮影の醍醐味を味わえて、とてもやりがいがありました。

長編ドキュメンタリー映画の制作が面白くなったのは、日本・韓国・北朝鮮に離散した家族を追った『海女のリャンさん』を制作した頃からです。この作品は、2004年の第2回文化庁映画賞・文化記録映画大賞とキネマ旬報ベストテン第1位を受賞しました。それから5本の長編映画をつくった後、山形県の農民詩人の木村迪夫さんを主人公にした映画『無音の叫び声』を会社で制作するはずが、会社が手を引くことになり、1年間の長期休暇を申し出て、自主的に撮影しました。

完成させて会社に戻ると、「これからは、撮影現場はやめて仕事を取ってくる営業側にまわるように」と告げられました。20代でこの世界に入ったとき以来、常に現場を離れたくないと思ってきましたし、苦労はあっても現場の仕事を離れることは受け入れることができませんでした。だから迷うことなく、すぐに退職を決断しました。

――退職後、まず手がけたのは地元川越に残る江戸の伝統農業でした。

2013年にNHKの『新日本風土記』で「川越」を担当したとき、江戸時代から360年間変わらずに行われている落ち葉堆肥農法を番組で紹介しました。しかし番組ではほん

仕事メモ

★ 勤務日数：不定期

勤務時間：不定期

の一部しか紹介できなかったので、映画にしたいと思い撮影を始めました。農家の撮影は、前日に急に電話が来て、明日やるよという具合なので、フットワークが軽くないとできません。現場は家から近いので、一人で撮影を始めました。カメラマンなしでどこまでやれるかわからないけれど、業務用カメラやドローンなど機材をそろえて、自分一人でやれるシステムを構築しました。当初、「全てカメラマンなしで大丈夫か？」という気持ちもよぎりました。しかし、それまでスタッフを組んで撮影していたときも、サブカメラで撮影をしていたので、とにかくやってみようと決断してのスタートでした。

問題は資金です。映画制作に必要な資金はとても個人の私財で賄うことができませんが、地元の応援者たちが製作委員会を立ち上げてくださり、寄付を募り、クラウドファンディングも利用しました。理解者を増やすために、機会を見つけてはアピールに駆け回り、**SNSなども活用し、どんどん発信しました。**資金集めは困難を極めましたが、最終的には目標を超える資金が集まり、仕上げの段階で必要な費用も賄うことができ、編集・録音スタジオの費用や、オリジナル音楽の作曲とオーケストラの演奏、そしてナレーションは女優の小林綾子さんにお願いすることもできました。

――仕事へのこだわりは何でしょうか？

自分は基本的に映像職人だと思っています。「ドキュメンタリーをつくる人間は芸術家であってはならない」というのが信条です。**「俺がつくるのだったら、人に見せられないような駄作はつくれない」という思いもあります。**だから真剣に取材対象を掘り下げていきま

360年続く川越の江戸農法を描いた映画『武蔵野』のワンシーン。空から撮影した武蔵野地域の耕地。短冊状の地割が特徴。

す。それは長年そういう仕事のやり方をしてきて、培われてきたように思います。撮影を始める前に完成形のおおよそのイメージができていればいいのですが、4分の1から3分の1ぐらいを撮影した段階でようやく映画のイメージが立ち上がり、どういうふうに撮影を進めて展開させたらいいのか、徐々に先が見えてきます。そのためには短期間の撮影ではなく、最低1年、今回の場合は3年かけて完成させました。

この仕事の魅力は、取材をしていて、自分が知らなかったことを知ったときの面白さですね。 自分は農業をライフワークに撮り続けてきましたが、それは人間のいのちの根底を支えている食料を生産する農業の大切さを伝えたいと思い続けてきたからです。取材地は東北地方など遠い場所ばかりでしたが、今回、ようやく自分の足元で受け継がれている落ち葉堆肥農法にたどり着きました。今、次回作に取り組んでいますが、引き続き地元の農業を撮影しています。取材対象者は新規就農者たちで、彼らを通じて経済効率主義とは対極にある「農」の心を描くことがテーマです。

――これからはどんな仕事スタイルを考えていますか？

今まで私が本当に幸福だったと思うのは、自分が動いているうちに応援者が徐々に増えていったことです。一人ではここまで来られなかったと思います。これからもできればずっと現場で撮影して映画をつくりたいですが、足腰が立たなくなったら、編集や配給・宣伝の仕事も面白いなと思っています。とにかく、ドキュメンタリー映画に関わる仕事だけを生涯続けていくことが、自分らしい人生だと考えています。

農民詩人の木村迪夫さんについてまとめた著書。『無音の叫び声―農民詩人・木村迪夫は語る』（農文協）

ガス関連会社でのキャリアを活かして電力切り替えの個別営業の派遣スタッフに

佐藤元彦さん［75歳］

ガス器具販売のリンナイの営業職として働いてきた佐藤さん。
定年後5年間はのんびり暮らしていましたが、
先輩に誘われて65歳で高齢社の派遣スタッフに登録。現在月に14日、
担当地域の家を自転車で回り、電力切り替えの営業をしています。

右が佐藤元彦さん

PROFILE

さとうもとひこ●愛知県出身。リンナイ株式会社で主に営業職を務め、60歳で定年退職後はいったん悠々自適の生活に。65歳で高齢社の派遣スタッフに登録し、現在営業の仕事をしている。

――派遣スタッフとしてどんなお仕事をされていますか？

私は、現役時代リンナイで働いていて、60歳で定年退職した後は、5年くらい自宅でパソコン相手に株をやったり、好きなことをしていました。そんな生活にちょっと飽きてきたときに、元の会社の先輩に誘われて、高齢社の派遣スタッフに登録しました。今から10年ほど前のことです。

私は現役時代には長く営業をやってきたので、営業的な仕事が好きで、登録してからしばらくは、ガス器具の販売の情報集めをしていました。２０１６年４月に法律の改正があって、家庭などに向けた電力小売りが全面自由化され、東京ガスも消費者に直接販売できるようになりました。そこで現在は、都内の東京ガスの営業拠点（ライフバル）に所属して、新電力商品やサービス提供を獲得する営業をしています。

具体的には他電力を使っているお客様に「電気を東京ガスに切り替えていただけませんか」と個人のお宅にお願いにあがっています。営業の方法は人によっていろいろのようですが、**私は担当エリアをローラー式にくまなく回って、飛び込み営業をしています。**現役時代は販売店向けの営業をしていたので、一般消費者宅を回ったことはありませんでした。東京ガスの看板を背負っていると、お客様から不信感を持たれることは少ないですよ。私たちのようにある程度年を取った人だと、わりと安心されるのではないかと思っています。電力切り替えについては、テレビやいろいろなメディアで宣伝しているので、関心は高いです。

営業の仕事は、9時から16時近くまでです。昼休み1時間を除き、自転車で回ります。

仕事メモ

- ★ **勤務日数：月14日**
- 🕒 **勤務時間：9:00～16:00**
- ¥ **収　　入：時給制**

■株式会社高齢社

定年後の人たちに働く場を提供するために東京ガスOBの上田研二氏が2000年に設立。シニアに仕事を紹介する老舗的存在。現在東京ガスOBを含めて、約900名が登録し、契約会社約100社に派遣されて働いている。
http://www.koureisha.co.jp/

一地区を回っているので、いくらでも回ることができます。一丁目の一番地から25〜26軒、多いところだと30軒くらい回ります。定年退職後のんびりしていた5年間のブランクは全くマイナスにはなっていないと思っています。

——営業のノルマはあるのですか？

一応ありますが、それは目安みたいなもので、達成しなくてはいけないというものではありません。**仕事のやりがいは、お客様とお会いすることが一つ。そして、ある程度営業の数字が上がってくれれば、会社の役に立っていると実感できて、うれしいです。**

たまにクレームが来たりすることもありますが、それも含めて楽しめるようにしたいと思って、働いています。

電気の営業を始めたときに、月に14日働く契約をしました。この仕事で一番いいと思っているのは、出勤日に自由がきくところです。たとえば他の人たちとローテーションを組んで働いていると自分の自由がきかないですが、月の前半14日間続けて働いてもかまわないのです。そういうやりくりができるので楽なのです。休むと自分の成績に跳ね返ってくるだけで、他人に迷惑をかけるわけではないのがいいと思っています。

職場で若い人たちと一緒に働く不安はありません。営業の仕事なので、本当はパソコンを使う必要もあるのですが、私は使っていないです。データを拾う必要があるときなどは、若い社員にお願いして調べてもらっています。本当は自分でやらなければいけないのですが、小さい字が見えにくいので、わがままを言っています。そういうことをお願いできるような雰囲気です。シニアの人が仕事しやすい職場で、派遣だからといって不愉快な思いをしたことはありません。

――仕事以外の楽しみは何でしょうか？

これといって趣味というようなものはないのですが、**年に一回海外旅行に行くことにしています。自分一人だったら自由に行動できてなんとかなると思っているので、ツアーではなく、いつも一人旅をします。イギリスにいる友達を訪ねて行ってから、一人旅がやみつきになりました。**これまでにスペイン、イタリア、ポルトガル、ルーマニアを回りました。時期は4月から6月ごろ、約2週間行っています。

今年はちょっと体力が衰えてきたように感じているので、オーストラリアあたりにしようと思っています。旅行に行くために勤務日を調整させていただいて休ませてもらいますが、その分はだいたいカバーできています。

――仕事を続けていくために工夫されていることはありますか？

特にありませんが、食事だけは注意しています。それからお酒を飲み過ぎないようにしています。昔は家でも飲んでいましたが、今は職場の友人と仕事帰りにちょっと飲んだりするくらいです。でもそれが楽しみです。これからも働けるうちは、仕事を続けていきたいと思っています。

再就職支援会社退職後、仕事を続けたくなりフリーのキャリアコンサルタントへ

中澤恵子さん［66歳］

40代後半に転職先で出会ったキャリアコンサルティングという仕事は、人と関わることが大好きな中澤さんにとって天職ともいえる仕事でした。現役時代にいくつもの資格を取得し、熱心に勉強を続けてきたことが、退職してフリーランスとして活躍できる現在につながっています。

PROFILE

なかざわけいこ●東京外国語大学卒業後、大手商社に勤務。転職した会社で再就職相談の仕事に就き、キャリアコンサルタント、産業カウンセラー、心理相談員などの資格を取得。現在はフリーで活躍。

──キャリアコンサルタントになったきっかけとは？

大学を卒業し、大手総合商社に就職し、主に広報室に所属して、広報誌の制作や報道関係の仕事をしてきました。40代後半になって、会社都合で早期退職をすることになり、再就職支援プログラムを委託された会社のサポートを受けながら、仕事を探すことにしました。

そのとき、自分では考えてもいなかったのですが、担当カウンセラーの人から「あなたはキャリアコンサルタントに向いていますよ」と言われ、その再就職支援会社に転職することができました。

キャリアコンサルティングの仕事は、通算15年ほどしています。再就職支援は、クライアントの性格や適性を見極め、希望に合った仕事を紹介することが求められます。そのため、さまざまな職業の知識だけでなく、カウンセリングの技術も必要となります。この仕事に就いてから、キャリアコンサルタントの資格を取りました。当時は民間資格しかありませんでしたが、仕事を探す人が安心して質の高い相談を受けられる環境を整えるために2016年から国家資格となったので、国家資格も取得しました。

そのほか50歳から53歳にかけて、メンタルケアを行う産業カウンセラーや心理相談員資格、自己理解ツールのＭＢＴＩ（Myers-Briggs Type Indicator）の認定ユーザーの資格、ＮＬＰ（Neuro-Linguistic Programming 神経言語プログラミング）のマスタープラクティショナーの資格も取得しました。

キャリアコンサルタントは資格を持っていても、常に研鑽が必要です。所属団体（キャリ

仕事メモ

- ★ 勤務日数：不定期
- 勤務時間：数時間から半日程度
- ¥ 収　　入：時給3000円から

アコンサルティング協議会、産業カウンセラー協会など）の主催する研修や、講演会、講習を受講するなど、キャリアアップのために多くの時間を使い、自己投資もしてきました。

――フリーとしてどのように仕事をされていますか？

私が勤めていた会社（パーソルキャリアコンサルティング株式会社）の定年は60歳で、60歳以降は半年契約で更新しながら、続けました。キャリアコンサルタントの場合は、65歳を過ぎても継続雇用できたかもしれませんが、65歳で思い切って退職しました。

大学卒業後40年以上働き続けてきて、退職後初めて専業主婦になりました。時間を自由に使えるようになって、友人と平日にランチをしたり、展覧会や映画を観たりすることもあります。地域の女性グループの絵手紙教室にも参加していて、昨年は、その関係で社会風刺劇の朗読劇にも出ました。お芝居なんてもちろん初挑戦でした。

そんな暮らしを1年ほど続けてみると、確かに今までできなかったことをする時間があるのは楽しいのですが、ずっとこのままだとちょっとむなしいと思うようになりました。

やはり社会と関わっていなくてはと思い始めて、知り合いから勧められ、大手人材開発会社に登録したところ、そこから研修やカウンセリング関係の仕事が少しずつ来るようになりました。ときには講座の講師を依頼されることもあります。**月に2〜3日から、多いときで10日ほど仕事をしています。**

昨年は専門学校の学生たちが就職向けにエントリーシート（ジョブカード）を書く手伝いとキャリアカウンセリングをする仕事もしました。

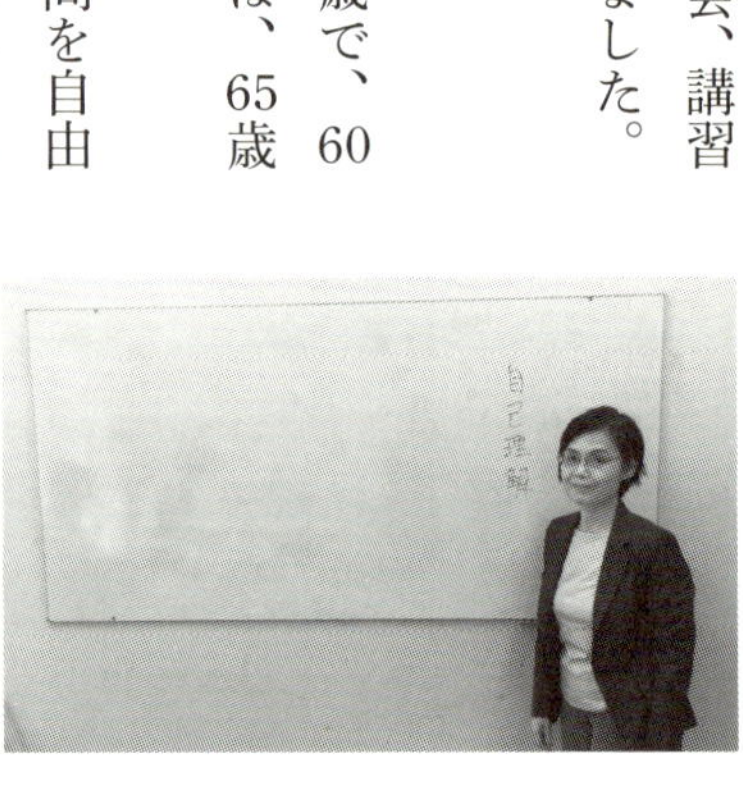

講座の講師として、
現在も活躍している。

仕事は1～2時間程度のものが多いですが、準備に1日使うこともあります。仕事の入った日は、他の用事は入れないようにし、仕事に専念します。

——今後はどのように仕事をされたいですか？

単発で仕事を引き受けて始めてみると、何だか中途半端に思えて、「やりがい、達成感、目標がない！」と感じるようになりました。そうはいっても、フルタイムでは働きたくありません。人生、あと何年生きられるかはわからないけれど、これまでのように仕事と家事だけで、プライベートな時間があまりない生活は、やはり避けたいですし、ある程度は趣味の時間も確保したい。ときどき孫の面倒をみる「派遣ばあば」もしていますので。自分でコントロールできるような働き方をしたいと考えています。

キャリアコンサルティングという仕事は年齢と経験が強みになるので、シニアでも週5日働くフルタイムの求人があります。ところが週に2～3回程度、自分が都合よく働ける仕事はなかなか見つかりません。

私は年金以外の現在の仕事の収入は、お小遣いだと考えています。私の場合、仕事はお金が最優先ではなく、**本当にやりたい仕事だったら、ボランティアでも、金額に関係なくやるかもしれません。**お金より世のため、人のためになる何か＝仕事をすることが大切だと考えています。

今後は研修の講師の仕事や朗読などのボランティアにも力を入れていきたいので、現在ボイストレーニングに通って準備を整えているところです。

趣味で登山も始めた。筑波山のガマ石前でのスナップ。

商社マンとしての駐在経験をベースに イタリアからの輸入会社を起業

三浦陽一さん［67歳］

商社時代にロンドンとミラノに駐在していた三浦さん。52歳で独立起業し、
サラリーマン時代のネットワークも活かしてビジネスをしています。
66歳で国家資格の全国通訳案内士の資格取得。
日本のすばらしさを外国人に伝えていきたいそうです。

大学時代は山岳系サークル。ミラノ駐在時代（当時48歳）に息子さんと登ったキリマンジャロにて（左）。

PROFILE

みうらよういち●千葉県出身。慶応義塾大卒業後、総合商社の丸紅に勤務。ロンドン7年間、ミラノ5年間の駐在を経て、2003年に独立。有限会社リナ・エ・ジュンコ インターナショナル設立。主にイタリアからの輸入業務に関わる。2017年全国通訳案内士の資格取得。

――独立起業の準備を始めたのは40代と早いですね。

　大学を卒業して丸紅に入社、物資部に配属され、タイヤの輸出関係の仕事をしました。中東やヨーロッパがマーケットで、ヨーロッパとのつながりはここからです。その後ロンドンに転勤になり、7年間駐在しました。この間にリーボック社のシューズが海外で大人気なのを知り、自ら交渉して日本に輸入したところ、爆発的に売れ、国内に販売会社もつくりました。帰国後も、リーボックジャパンには6年間関わりました。

　1994年から5年間、今度はミラノに駐在しました。メインの仕事はイタリアから日本への輸出で、スパゲティーやトマト缶などのイタリア食材も扱いました。

ミラノ滞在中に次女が生まれました。45歳のときでした。そのときに「この子が成人するとき、自分はもう定年で仕事を辞めなければいけない。年金はどうなるかわからないから、ちょっと自分で定年のないビジネスを何かやらなければならない」と真剣に考えました。**そこからひそかに独立起業の準備を始めたのです。**

　イタリアが気に入っていて、ビジネスが非常に面白かったので、イタリアをネタに何か商売ができないかなと考えました。将来これを仕事の糧にしなくてはいけないと思うと、イタリア語の勉強にも気合いが入り、将来役に立つネットワークもつくろうと思いました。

　1999年3月に帰国し、早期退職で子会社に転籍した後、ヨーロッパと関わりたくて、知人の会社に転職しました。50歳のときです。

　その頃、今まで仕事でつながりがあった人たちに、「自分が輸入会社を立ち上げたら、手伝わせてもらえますか？」と声をかけたところ、「いいですよ」と契約してもらうことがで

仕事メモ

- ★ **勤務日数：不定期**
- ◷ **勤務時間：不定期**

き、2003年から業務を開始しました。

仕事は輸入業務が中心です。年2回ミラノで開かれる靴の展示会に代理店の人と出かけて商談の通訳をしたり、水着を扱う会社に輸入のサポートもしています。そのほか情報提供の契約をしている会社もあります。リーボックを扱っていた当時のネットワークが現在も役に立っています。

――独立起業されてよかったことを教えてください。

自分の時間を基本的に自分でコントロールできるので、ストレスがないことです。**仕事をやる気でいれば、やることがなくなることは永遠にないですね。その一方、自分で決めれば、いつでも会社をたためるところもいいと思います。**もちろん全部自分でやらなくてはいけないのですが、私はあまり大変とは感じません。やったらやっただけ結果が出てきます。もちろんすべてがうまくいくわけではないですし、うまくいかないこともたくさんありますが、失敗したらそこから同じ失敗を繰り返さないようにする。ものすごくシンプルです。

いろいろな人に起業を勧めるのですが、みなさん思い切れないみたいです。逆によく思い切ったねと言われます。そんなに必死の覚悟で始めたわけでもないのですが。会社をつくって、全く一から得意先を開拓するのは難しいと思います。私の場合は、商社時代のお客様たちのサポートがあったから、15年続けてこられたのだと思います。

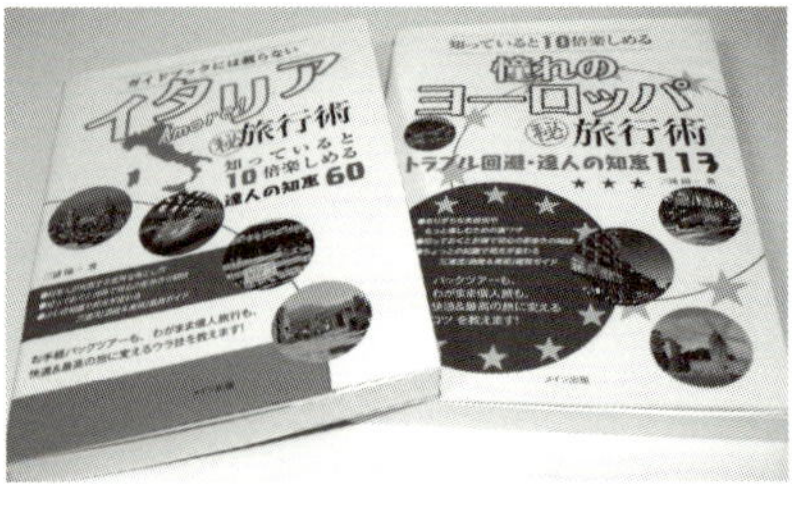

今までの経験を活かしたヨーロッパに関するノウハウがつまった2冊。
『イタリア㊙旅行術　達人の知恵60』
『憧れのヨーロッパ㊙旅行術　トラブル回避・達人の知恵113』
(共にメイツ出版)

——将来を見据えて、全国通訳案内士の資格を取得されたそうですね。

66歳で全国通訳案内士の資格を取得しました。資格取得を目指したのは、毎年何回もヨーロッパなどに出張する現在の仕事は、今後体に負担がかかるようになるかもしれないと思っているからです。実際に60歳で中国に出張していたときに言葉が出にくい症状が出たので、帰国後すぐに病院で受診したら、軽い脳梗塞を起こしていたことがわかり、しばらく入院したのです。

日本で働ける資格を取っておいて、将来インバウンドの方たちを案内する仕事もいいかなと考えています。全国通訳案内士の仕事も大変ですが、これまで海外の取引先の人たちをたくさん案内してきた経験が活かせると思っています。

私はいろいろなことに興味があるので、趣味も楽しんでいます。筋金入りの鉄道ファンなので、ヨーロッパの鉄道写真を撮るのも楽しみです。3人の子どもの中でイタリア生まれの次女だけが日本の小学校を卒業したので、地域のお父さんたちとのつながりができ、親児《おやじ》の会の活動などを地元でしています。また、ドラゴンボート競技という海の上の「駆けっこ」の日本大会にも出場しています。日本ではまだなじみのないチーム競技ですが、親児の会が縁で始めました。そういえば水泳も仲間と定期的に集まって、30年間続けていますね。

サラリーマンをぎりぎりまで続けていたほうが企業年金などはよかったかもしれません。でも起業したことよって得たもののほうが、はるかに多いと思っています。

大手IT企業での経験を活かし リーダー対象の研修講師

相良直己さん［72歳］

エグゼクティブ研修コンサルタント

相良さんは大手IT企業でマーケティング分野など数々の分野を担当。
その経験を活かし、企業へ派遣される研修講師を務めています。
10年以上毎年継続して担当している固定客も数多くあり、
社内では、指名が相次ぐ人気ナンバーワン講師といわれています。

PROFILE

さがらなおみ● 東京都出身。早稲田大学政治経済学部卒業後、日本アイ・ビー・エム株式会社入社。現在株式会社アイ・ラーニング人財開発研修部で研修講師を務めている。相良経営戦略・マーケティング研修研究所所長。

――企業研修の講師としてどんな仕事をされていますか?

経営職・管理職・営業職・技術職の育成研修や経営戦略、マーケティング、リーダーシップ、本質を理解するためのクリティカル・シンキングや仮説検証などの思考法をテーマに企業の研修講師をしています。

受け持つ研修の数は、毎月決まっているわけではありません。ピーク時は10から11コースをひと月に受け持つこともあります。私の場合、お客様の企業の要望に合わせてカスタマイズする研修を多く行っています。次世代管理職、次世代経営職研修などは、多忙な現役社員対象なので、土曜、日曜、お盆休みなど長期休暇の期間に研修が入ることもあります。「働き方改革」とは逆行していますが、指名を多くいただくのはありがたいことです。

企業の担当者は世代交代していきますが、私が以前に講師を担当した方が昇進されて部長になられて、自分の部下にもマーケティング研修を受けさせたいというお話をいただいたりするときは、特にやりがいを感じます。

――それまではどんな仕事をされてきましたか?

大学卒業後、日本アイ・ビー・エムに入社して、システムエンジニア、営業職、ライン管理職として働きました。関連会社勤務時代を含め、新規事業開発や経営企画、マーケティングなどの営業推進を長く担当しました。50代でマーケティング関係の仕事を本格的にやりたくて、関連会社に手を挙げて出向しました。同社の早期定年制度のセカンドライフ支援の補助金を利用して、55歳から早稲田大学の社会人向けのマーケティング講座を2年間

仕事メモ

- 勤務日数：週4日
- 勤務時間：7.5時間／日

■株式会社アイ・ラーニング

企業向けにITスキルからビジネススキルまで600コースを超える研修を実施。シニアがそれまでの仕事の経験を活かして講師として活躍している講座もある。

http://www.i-learning.jp/

受講しました。マーケティング理論や考え方をきちんと学んだことは、現在の仕事にも役立っており、自信になりました。

その後、日本アイ・ビー・エムの研修小会社で研修講師をするようになりました。社名が現在のアイ・ラーニングに変わり、現在も企業研修の講師を務めています。週4日研修講師、1日は大学で教えていた時期もありました。東京国際大学で12年、八洲学園大学で5年間非常勤講師をした経験も仕事に役立っています。

――仕事で心がけていることはありますか？

企業研修では、本人が希望して参加される方もいらっしゃいますが、受講者の中には、本人が受講を望んでいない場合もあります。受講者を研修に派遣した企業、組織、上司の狙いや思いを理解し、一方で全ての受講者に「この研修に参加してよかった。研修結果で自身の成長を確信できた。受講機会を与えてくれた会社に感謝する」と言っていただけるようなコースを目指す必要があります。その研修を必要としているクライアント企業の背景、状況、狙いを理解し、応えられるよう十分に準備すると共に、研修提供時には、受講者一人一人に気を配り、反応を確認しながら細心の注意を払って研修を進めることが求められます。研修講師のプロフェッショナルとして真にお役に立つ、クライアント企業、受講者、研修会社がＷｉｎ－Ｗｉｎ－Ｗｉｎの関係となる研修を目指しています。**お客様から指名された講師である以上、代わりはいないので、健康には常に注意しています。**

技術革新も進み、人事評価制度なども大きく変わりつつあります。会社に所属していると、このようなマネージメントの潮流の変化を学ぶセミナー情報にも触れることができます。**68歳で独立して個人事業主になりましたので、個人事業でも研修講師はできると思いますが、現在も会社に所属しているのは、**最新の情報を共有し、他の講師と切磋琢磨して、**自分の力を磨いていきたいからです。**

――仕事を続けていくためのパワーのもとは何でしょうか？

相手の会社のニーズに合わせた研修をするためには、セルフモチベーションが必要です。毎回毎回受講者は異なります。今回はどんな受講者に出会えるか、マンネリにならないよう常に改善を心がけ、新鮮な気持ちで臨みます。研修では受講者にアンケートが渡され、フィードバックされます。アンケート結果で、受講の喜びや、研修成果に満足のメッセージがたくさんあると励みになります。受講者のお役に立っていることが確認できたとき、講師を続ける力が湧いてきます。個々のお客様のさらにお役に立てるようアンケート結果を参考に自省し、次回の改善を目指します。質の向上と熱意は常に必要です。

現在72歳になりました。いつまで続けられるのだろうかと考えることも増えました。しかしながら、すでに来年度の講師担当の打診もいくつか受けています。お客様のお役に立てるのであれば、まだしばらくは辞められないみたいですね。この仕事は、ときには落ち込んだり、追い込まれることもあります。そういうとき、講師とは別の面の自分を持ち、何か気分転換できるものがあると救われます。私の趣味は野鳥観察です。地元のバードウォッチングの会の会員で、休みの日は野鳥の写真を撮って過ごしています。

台湾で出合ったヤイロチョウ。
たくさんの色のきれいな鳥。
相良直己さん撮影。

百貨店を定年退職後、地元群馬で
キャリアコンサルタントをしながら趣味を堪能

久保田一樹さん［67歳］

久保田さんは、大手百貨店を定年退職後、
経験と資格を活かして現在はキャリアコンサルタントとして活躍しています。
故郷の群馬、そして東京という2つの拠点を行き来しながら、
仕事や大学のOB活動などに多忙な毎日です。

PROFILE

くぼたかずき●群馬県高崎市出身。早稲田大学政治経済学部卒業後、株式会社髙島屋に入社。定年退職後、キャリアコンサルタントとして活躍。JCDA認定CDA、2級キャリアコンサルティング技能士、一般財団法人草のひかり福祉会理事長、みどり市「富弘美術館」管理運営委員。

――定年前の仕事について教えてください。

　１９７４年に早稲田大学を卒業して髙島屋に入社し、東京・日本橋店から百貨店マンとしてのキャリアをスタートしました。田舎の長男坊という意識が強かった私がなぜ東京の百貨店で働くことになったのかと申しますと、当時たまたま髙島屋が私の故郷である群馬県高崎市に出店を計画しており、地元出身者としてタイミングよくその第一期生として採用となったんですね。そんなわけで、１９７７年に高崎髙島屋が開店してから、20年間ほど勤務し、店の経営に関わる調査企画などスタッフ業務を長く経験しました。

　上越新幹線が東京駅に乗り入れることによってマーケットがどう変わるかを調べるため、徹夜明けに同僚と朝一番の東京行き新幹線を利用する通勤・通学客を観察し、「群馬都民と群馬原人」と題して役員の前でプレゼンしたのも当時の思い出です。「群馬都民」とは今後増えるであろう都内に仕事を持つ人たちで、一方、「群馬原人」とあえて刺激的な言葉にしたのは、ともすれば東京中心になりがちな考え方ではなく、地元を愛し、流されない価値観を持つ人たちのことを指しました。**今でこそ地方発信の情報も多くなりましたが、当時は本社主導の営業計画に、いかに地域性を加味するかが大事であると信念を持っていました。**高崎店が大好きで地域一番店にするという心意気、そして使命感もあったんでしょうね。

　１９９５年からは東京勤務となり、私自身が新幹線通勤となりました。企画宣伝、教育サービス、本社人事部、外商本部、日本橋髙島屋の「コンシェルジュ」など幅広い仕事を経験しました。

仕事メモ

- **勤務日数：月4～5日**
- **勤務時間：職業訓練校で50分の講義を1日6回**
- **勤務形態：業務委託**

――定年後、キャリアコンサルタントとして再就職することになったきっかけは？

本社人事部で採用担当になったことが、一つの転機でした。面接が進むたびに成長が見られた学生がいよいよ役員面接となった際に、端の席から「焦るな、がんばれ！」と念を送る自分がいましてね。百貨店マンの「お客様の笑顔のために」とはまた違う、人が成長することに喜びを感じる、この気持ちは何だろう、と興味を持って調べるうちに、キャリアコンサルタントの仕事を知りました。当時、私は50歳前後。自分のやりがいは「相手に寄り添い、その人を元気にすることだ」との気づきを得て、その後キャリアコンサルタントの資格を取得しました。その勉強は部下の育成などにも役立ちました。**60歳で定年退職した後は、群馬県内の大学や教育機関でのキャリア教育や就職支援の仕事に携わりました。**現在は職業訓練校で求職者を対象に、応募書類の作成、面接対策、ビジネスマナーなどの講師をしていますが、「人は誰でも輝ける！」が支援業務のモットーです。

――現在、キャリアコンサルタントの仕事以外に取り組んでいることは？

高校、大学と部活動はマンドリン部だったので、趣味でまた弾き始め、「高崎マンドリン合奏団」に所属しています。高校、大学のＯＢとして定期演奏会やＯＢ会運営などの活動にも参加していますが、２０１８年には早大マンドリン楽部の２００回記念となる定期演奏会で、ＯＢ参加による１００人超のステージがあり、その練習参加やＯＢ会理事会、会報誌の編集会議などで特に忙しい日々を過ごしました。**上京の際には早稲田に立ち寄り、ボランティアで部の後輩たちに就活相談会を開いたり、模擬面接などをして喜ばれています。**

久保田さんが所属する高崎マンドリン合奏団の演奏会。

声を出すのは健康にもよいと、男声合唱団にも参加しています。メンバーは市が主催する「はじめての合唱教室」で知り合った同年代のおじさんたち。今年で3年目になりますが、これが楽しくてね。高崎は市民オーケストラを前身とする群馬交響楽団の本拠地で「音楽の街」としてのさまざまなイベントもあり、音楽はとても身近な文化なんだと思います。

詩画作家、星野富弘さんの作品を集めた富弘美術館（群馬県みどり市）の管理運営委員に任命されており、また、群馬県内の障害者への助成事業などを行う「一般財団法人草のひかり福祉会」の理事長も務めています。どちらも私の父が生前、福祉活動に熱い情熱を持っていたご縁でして。父の遺志を継ぐこの役割も、私の大切なライフワークです。

――これからどんな生き方をしたいですか？

髙島屋勤務の終盤は、「第二の人生」へのスムーズな移行を考えつつ、**モデラート（音楽用語で「おだやかな」の意味）な生活を想像していましたが、実際には定年というゴールを過ぎてから、スピードはますますアップしてます。**私の場合は群馬と東京、両方に関わっているから多忙なんでしょうね。実は退職間もない頃、心筋梗塞になりました。忙しさに紛れて体が発するＳＯＳに気がつかなかった。これは反省すべき点でしたね。

最近、初孫が生まれました。この子の瞳に世界はどう映っているのだろう、そんなことを考えます。振り返ってみると子育ては全て家内に任せきりで、落ち着いて家族と過ごす時間は少なかったかな。これからは家族と家庭菜園を楽しんだり、心に浮かんだことを俳句に詠んだり、ゆったりと足元の時間を大切にしたいですね。

久保田さんが編集責任者を務める、早大マンドリン楽部OB会の会報誌。

中小企業診断士として
中小企業の海外展開を支援

山田昭彦さん［64歳］

ドイツ語と英語の語学力を活かし、企業で働いてきた山田さん。
中国に海外進出した企業の窮状《きゅうじょう》を知り、支援したいと考えるようになりました。
会社に勤めながら中小企業診断士の資格を取得。
海外で日本企業を支援するという夢を実現させました。

展示会が大好きです（船舶のフェアにて）。

PROFILE

やまだあきひこ●東京都出身。上智大学卒業後、機械部品のメーカーで海外マーケティング業務を担当。53歳のときに中小企業診断士取得。退職後、JICAのシニア海外ボランティアとして働く。現在専門嘱託。

――中小企業診断士の資格取得を目指したきっかけを教えてください。

大学ではドイツ語を専攻し、卒業後はドイツ語ができる人材を求めていた伝動機器の総合メーカーに就職しました。欧米からの機器の輸入、製品の輸出、現地製造など海外展開をしていた会社で、経理を除く全ての部門を経験し、主に海外マーケティングを担当しました。食品機械や建機、半導体、ロボットなど多くの業界との関連があり、日本の産業界を広く知ることができました。今でも各種展示会を見に行くのが趣味の一つです。

在職中は、毎年10回ほどアジアや欧米などに出張しました。**海外に進出した日本企業には失敗する会社も多く、将来は自分の経験を活かしてこういう企業の役に立ちたいと思うようになりました。**

それがきっかけで中小企業診断士の資格を取ろうと思い週末に専門学校に通いました。受験勉強は大変でしたが、学校の先生から、「人生を夢と勇気で切り開け」と鼓舞《こぶ》され、合格まで勉強を続けることができました。

53歳で中小企業診断士の試験に合格。年金をもらいながら仕事する「年金診断士」と言われないように、**年金をもらう前に独立して仕事を始めるつもりでした。**しかし退職を申し出ると1年間引きとめられ、57歳で退職しました。

――ヨルダンで中小企業診断士として活躍するきっかけは？

海外でこの資格を活かしたかったので、JICAのシニア海外ボランティアへ応募しました。ＪＩＣＡは技術協力、有償資金協力、無償資金協力の援助方法を一元的に担う、総

仕事メモ

- ★ 勤務日数：月曜日～金曜日
- 勤務時間：9:00～17:45
- 勤務形態：嘱託
- ¥ 収　　入：年収500万円程度

■JICAシニア海外ボランティア
日本政府のODA（政府開発援助）事業。累計で75か国6,383名が派遣されています。（2018年6月）
https://www.jica.go.jp/volunteer/application/senior/

合的な政府開発援助（ＯＤＡ）の実施機関です。シニア海外ボランティア事業は、ＯＤＡの一環として、海外でのボランティア活動を支援する制度です。

ＪＩＣＡのホームページに掲載される各国からの要請支援を見て、自分が希望する派遣先の国とやりたい業務を確認して応募したところ、退職した年の秋から半年間ヨルダンで人的資源管理の担当として採用されました。外国での人的資源管理の経験はありませんでしたが、中小企業診断士の資格があったことが、採用決定に至ったのかなと思います。

ヨルダンでは、首都アンマンの商工会議所に入り、会員企業を支援しました。当時はちょうど「アラブの春」の時代で、ヨルダン国王も国民の不満を解消する策の一つとして、人事評価や給与体系の改革を企業に求めました。企業を訪問する中で、生産管理、品質管理、経営管理なども依頼されました。工場の現場改善、品質向上の手法である「５Ｓ」（整理・整頓・清掃・清潔・しつけ）を使い、工場内の無駄な在庫を整理・整頓、死蔵品を処分したことでスペースを確保した改善に対しては、「別棟を建てる必要がなくなった」ととても感謝されました。日本と異なる環境にある企業を支援するのは難しい面もありましたが、大変面白かったです。

ヨルダンでは家を借りて自炊しましたが、お酒が飲めないことと豚肉が食べられないこと以外は普通に生活できました。当時日本からのシニアボランティアは７～８人。短期ボランティアは家族を帯同できませんが、長期ボランティアでは家族を帯同している方がおり、そのお宅でよく日本食をごちそうになりました。

ヨルダンのペンキ製造会社。工場の中は乱雑で無駄なスペースが多い。

――その後専門職としてベトナムに駐在されたのですね。

帰国後は、神奈川県の商工会議所などに登録して、中小企業診断士として働いていましたが、ベトナムに駐在する専門職員を募集していることを知り、再び応募しました。2012年から始まったオールジャパンでの中小企業の海外展開支援体制にＪＩＣＡも加わっていたからです。

今度はボランティアとしてではなく専門嘱託として、60歳から2年間ベトナムのハノイとホーチミンで勤務しました。ベトナムでは、ＪＩＣＡが行っている中小企業海外展開支援事業でベトナムに来られた日本の企業の調査に同行したり、現地の役所との橋渡しをするなどの支援をしました。当時は20社くらいを支援しました。調査が終了した企業の中には、現地に工場を建てて特殊なガソリンタンクを製造して販売し、成功している例もあります。ベトナムから戻った後は、国内で海外展開プログラムに応募する中小企業の支援をしています。

――英語力に不安があってもボランティアに応募できますか？

英語力が不安で応募に二の足を踏む方もあるようですが、英語が通じない国もあるので、派遣前には現地語を勉強します。現地の人たちとの交流が好きな人にはボランティアが魅力的だと思います。**私は海外に行くときは、友達を一人でもつくろうと決めています。**知り合いづくりが国際交流だと考えています。今後も中小企業診断士を継続していくと思いますが、もう少しビジネスを離れての国際協力や国際交流にも貢献していきたいです。

2か月後、改善報告された現場。棚を置いてペンキ缶を収納し、床には区分を示す黄色の線を引いた。現場は安全度も増して、生産性は上がった。

苦境のとき助けられたコーチング資格を取って今度は自分がコーチに

新堀進さん［68歳］

トップを務めていた米企業の日本支社を解散するとき、
相談相手がほしいと感じた体験から、
コーチングの認定コーチの資格を取得した新堀さん。
豊富なビジネス経験を活かして、企業の経営層や管理職などに
エグゼクティブ・コーチングをしています。

PROFILE

しんぼりすすむ●慶応義塾大学修士課程修了後、ソニー株式会社に入社。アメリカ勤務を経て、外資系企業などの役員を歴任。国際コーチ連盟（ICF）元日本代表。現在株式会社プロシードワン代表取締役。

――これまでどんなお仕事をされてきましたか？

大学卒業後、ソニーに入社しました。入社当初から機会があればアメリカに行きたいと思っていました。上司から海外トレーニー制度があると聞き、20代後半に念願がかない、ニューヨークのソニーアメリカで2年間マーケティングの勉強することができました。その頃ソニーがパーソナルコンピューター事業に参入することになり、プロジェクトを担当するなどして、ニューヨークには通算5年半いました。

帰国してからはマルチメディアのプロジェクトを担当しました。41歳のときに表計算ソフトの会社、ロータス・ジャパンに転職したのですが、そこがＩＢＭにＴＯＢされたのをきっかけに、今度はナイキジャパンに転職、役員になりました。

――コーチングと出会ったきっかけを教えてください。

今から16～17年前のことですが、インターネットのキーワードを売るアメリカ企業の日本法人の代表を務めていました。広告代理店と組んでいたので、業績はかなり伸びたのですが、突然サンフランシスコの本社から、マイクロソフトとの契約を更新できなくなったから、会社を解散するという連絡が来ました。自分もですが、社員28人全員をクビにしなくてはいけなくなったのです。会社の清算についてなど、友人にも家族にも相談できない。相談できるのは弁護士くらいでした。そんなとき、「アメリカではタイガー・ウッズにもコーチがいるように、ビジネスマンにもコーチがいる」という記事を読み、すぐに探してパーソナルコーチを雇いました。人間って不思議なもので、一人で考えていると堂々めぐ

仕事メモ

★ **勤務日数：不定期**

🕒 **勤務時間：不定期**

りをして答えが出ないときでも、コーチから「今どういう問題を抱えていますか？」「それをどうやって解決しますか？」などと聞かれると、「今自分はこうやって解決しようとしている」とだんだんわかってきたのです。

この体験を通して、コーチングは自分のためだけではなくて、部下のマネージメントとか、会社の中のコミュニケーションにも役に立つのではないかと、**コーチングそのものに興味を持ち、資格を取得できるところを探して学び始めました。**52歳のときです。約1年半かけて、いろいろなカリキュラムを終えて、国際コーチ連盟認定コーチの資格を取得し、55歳のときに株式会社プロシードワンを設立しました。コーチとして認定されるためには、何十人かのコーチをしたという実績なども必要でした。

――資格取得がそのままビジネスになりますか？

私が行っているのは、企業の経営者などに向けた、エグゼクティブ・コーチングです。コーチングの仕事は、資格を取ったからといって、すぐにできるわけではありません。お客様を見つけてこないと、全くビジネスになりません。私のクライアントは、コーチングをして差し上げた経営者の方などからの紹介がほとんどです。

エグゼクティブのコーチングをしていると、コーチング以外にもいろいろな依頼があります。あるクライアントから、韓国ドラマを放送する会社の業績を上げて株を売却したいという依頼があり、友人と3人で会社の再建を請け負いました。私が担当したのは社員のモチベーションを上げ、魅力的な会社にすることでした。最終的には韓国の新興プロダク

コーチングで「人生の輪」
について話す新堀さん。

ションに株を買ってもらうことができました。

またイギリスのコンシェルジュビジネスの人材マネージメントにも関わりました。クレジットカードのコンシェルジュデスクで、365日、24時間、ホテルの近くのおいしいレストランを教えてほしいなどお客様からのどんなリクエストにも応える、ある意味究極のホスピタリティーサービスを提供している会社でした。日本のオフィスは50人、ロンドンの本社は15人、サンフランシスコは3人で対応した仕事で、コーチングが縁で広がっていきました。

――これからどんな仕事をしていきたいですか？

私はコーチングを学んだことで、人とのコミュニケーションの仕方がずいぶん変わりました。これからは企業人としての経験を活かして、**コーチングコーチとして若い起業家をサポートしていきたいと思っています。**

仕事以外の活動としては、IEO国際交流団体の理事として、国際交流に関わっています。国際交流はその国を知ることから始まるので、大使館の協力を得てパーティーを開いています。その国の料理を食べると、参加者は知らなかった国に興味を持ちます。楽しんで、その収益を寄付しましょうという活動です。

趣味は、スポーツジムでトレーニングすることです。走るのも好きなので、これまでにホノルルマラソンには6回出場しました。絵を描くことも好きで、時間を見つけて描いています。

55歳で選んだセカンドキャリアの日本語教師が今や天職と思える日々

松本武男さん［63歳］

海外ロングステイ実現のため始めた日本語教師がいつしか天職とも思える仕事に。
自分のパフォーマンスを出せるやりがいのある仕事だと話す松本さん。
ワークライフバランスのよい生き方を満喫しています。

'Discover Japan in 浅草'と名づけた校外学習で、ブータン・ベトナム・中国・ネパールの留学生たちと。

PROFILE

まつもとたけお●千葉県出身。法政大学卒業。30年近くの市役所勤務を経て、早期退職。日本語教師の資格を取得して日本語教師に。マレーシアとインドで日本語教師として働いたのち、帰国。現在は国内で日本語学校の非常勤講師。

――これまでどんな仕事をされてきましたか？

大学卒業後3年ほど自由に働いていたのですが、実家の跡取りとして故郷に戻ることになり、市役所に勤めました。市町村の合併協議会の事務局を担当していた頃は、とても忙しく、このままずっと精神的にも肉体的にも自由のきかない働き方を続けるのかと思っていました。

そこで**55歳になったとき大きな決断をしました。海外への夢と不動産の仕事を始めるため役所を辞めたのです。**定年は60歳でしたが、定年を待ってからでは自由な人生を送る時間が足りなくなる、老け込まないうちに次のことを考えようと思ったのです。家族は驚きましたが、息子も社会人になる目途がたっていたので、役割は果たしたと思って思い切りました。

――日本語教師になったきっかけは？

役所にいた頃から、海外旅行が好きでいろいろなところに出かけていました。そのうち海外ロングステイという制度を知り、**ぜひ一定期間海外で暮らしてみたいと強く思うようになりました。**海外で暮らすなら何かしたい。その頃読んだ『50歳からの海外ボランティア』(戸田智弘著／双葉社)という本に、日本語教師をしながら海外ロングステイをした体験が載っていました。これなら自分でもやれるかもしれないと思い、日本語教師養成講座に通い勉強を始めましたが、やはり海外の教育現場で教えてみたいと考えました。

ボランティアなら日本語教師の資格がなくても応募できると聞き、日本語ボランティア

仕事メモ

- ★ 勤務日数：週2日
- 🕒 勤務時間：45分の授業を4コマ
- ¥ 収　　入：週に3時間の授業で、1か月7万5000円程度

を海外に派遣しているＮＰＯを通じてマレーシアのコタキナバルに３か月行きました。コタキナバルで教えた学校は小規模な民間の日本語専門学校で、初級クラスを担当しました。自分は初心者でしたので先輩が授業を見て指導してくれたり、説明の仕方を教えてもらったり。アドバイスに従って教案を全部つくり直したこともありました。

月曜日から金曜日まで午前中は授業とその準備と夕方からの授業。午後はジム通いと水泳。週末は観光に出かけたり、好きなゴルフの練習場にも通いました。受け持ったクラスでは帰国前日まで毎日コツコツと教えましたが、一人の脱落者も出ず、「先生、ありがとう」と言われたときは、いままでの仕事ではなかった充実感を味わうことができ、感無量でした。

──インドでも日本語教師をされたのですね？

南部のＩＴ都市といわれれるバンガロールで、現地日系企業のインド人社員などに日本語を教えました。最初は５人の日本語教師で担当して授業を進めていたので、授業内容の引き継ぎも大変でした。前の先生がどこまで授業を進めたのかを確認して、自分の授業内容を微調整しながら授業をしました。インドの日本語学習者の意気込みはすごくて、９時半から13時までの１コマはあっという間でした。日本語能力試験の受験を目指すクラスも担当しました。インドでの生活は、宗教をはじめ生活環境もかなり違うのでいろいろ大変なこともありましたが、１年半滞在できたのはいい経験でした。

──現在はどのように仕事をされていますか？

日本語教師を続けるなら、420時間の養成講座終了と併せて日本語教育能力検定試験への合格が必要だと思います。この試験は日本でしか受けられないので、インドから帰国して受験しました。試験は221問（うち1問は論文）もあり、合格率は20％。私にとってはかなりの難関でしたが、奇跡的に合格できました。すごくうれしかったです。**海外ロングステイをするための方便として始めた日本語教師ですが、今ではこれが自分の天職ではないかと、とてもやりがいを感じています。**国内の日本語学校で、ブータン、中国、ベトナム、ネパールなどから来た生徒たちに教えています。

授業をスムーズに進めるため、事前の準備は大切です。火曜日と木曜日が授業ですが、前日は翌日の授業の準備に充てます。前の日にリハーサルをし、授業当日の朝にもう一度段取りをチェック、授業直前にはＤＶＤなどの機材をチェック、板書をします。

授業では私が一方的に話すのではなく、双方向になるよう工夫しています。日本の文化や生活習慣も授業の中でなるべく説明するようにしています。「お茶を習う」という内容の会話の練習があれば、自宅から茶碗を持ってきて、和菓子をふるまったりもします。

日本語教師は非常勤が多いですが、これには、**私には多様なライフスタイルを可能にするという利点があります。**1週間のうち、4日は日本語教師の仕事、残りは不動産の管理を兼ねて森や農地の手入れに汗を流しています。この仕事に定年はありません。私の職場にも70代で活躍している方もいます。いつまで続けられるのかはわかりませんが、これからは教師としてだけでなく、多文化を理解したり、国際交流を促したりという方向でも貢献することができたらと考えています。

■松本さんの1週間

- 月　火曜日の授業の準備、水泳
- 火　2時間かけて学校へ。終日授業
- 水　木曜日の授業の準備、ゴルフの練習
- 木　2時間かけて学校へ。終日授業
- 金　気分転換と総合調整の日
- 土　家の当主としての仕事や、氏子総代としての仕事、自治会活動など
- 日　同上

公共職業訓練で介護福祉士資格を取得
福祉に目覚め、今は社会福祉士科に在学

鈴木秀政さん［54歳］

退職後にハローワークで得た情報から、
公共職業訓練で専門学校に通い、介護福祉士の資格を取得。
その後自費で社会福祉士科に入学しました。
まさにリカレント教育の実践中です。

PROFILE

すずきひでまさ●静岡県出身。慶応義塾大学商学部卒業後、大手製薬会社の経理部勤務。51歳のとき早期退職。在職中にあんま・マッサージ・指圧師の国家資格取得。東京都の公共職業訓練で介護福祉士の資格を取得。現在は社会福祉士の資格を目指し、専門学校に在学中。

―これまでどんなお仕事をされていましたか？

大学卒業後、製薬会社に就職しました。途中、会社の合併・統合がありましたが、入社以来ずっと経理畑の仕事をしていました。定年までこのまま働く生き方もあると思いましたが、51歳のとき早期退職の募集があり、決断しました。私には、人生の大きな転機がありました。44歳のときに妻を病気で亡くしたのです。息子たちは高校1年と中学1年でした。それ以降両親が上京し同居してくれて、生活面での支援をしてもらっています。

妻の病気がきっかけで、体のケアに興味を持つようになりました。専門知識と実践技能を身に付けたいと思い始めた頃に、会社が成果主義と裁量労働制の導入を決めたこともあり、上司の理解が得られて、専門学校の夜間部に3年間通い、46歳のときあん摩・マッサージ・指圧師の国家資格を取得しました。将来、この仕事だったら定年がなく、時間もある程度自分で決められる働き方ができると思い、次男が社会人になったら退職するという人生プランも描いていました。

想定したよりも退職するのは1年早かったのですが、会社都合の退職には私の年齢と勤務年数より、雇用保険を330日受けることができましたので、この間に独立開業の準備を進めることも考えました。

―職業訓練で介護福祉士の資格を取得されたそうですね？

退職する前に会社の再就職支援制度を利用しました。就職先が決まるまで支援を受けられるプランでした。この支援期間にキャリアシートの作成があり、**自分がこれまでにやっ**

仕事メモ

★ 勤務日数：月16日
勤務時間：9:00〜17:00
勤務形態：アルバイト
¥ 収　　入：日給7,830円

てきた仕事やその成果を振り返ることができました。そして、改めてこれまでの仕事の経験をそのまま活かした職務を継続するよりも、新しい分野にチャレンジしていく生き方に魅力を感じました。

再就職支援会社の担当者から聞いた話の一つに、ハローワークで雇用保険を受給しながら公共職業訓練を受けて、社会福祉士の資格を取った人のケースがありました。このときはじめて社会福祉士という国家資格を知り、その仕事を意識しました。しかしその時点では社会福祉士養成科の募集はなく、介護福祉士、保育士、義肢装具士の３つのコースが対象でしたが、第二の人生に向けた専門の資格を新たに取得できる職業訓練を受けて、２年間を充電期間にしようと即決しました。

２０１５年１月に51歳で退職、４月開校の職業訓練申し込み期限が２月中旬というあわただしさのなか、上智大学キャンパス内にある**上智社会福祉専門学校を選択し、介護福祉士科に申し込み、無事入学を許可されました。**

団塊の世代の最後の人たちが75歳になる２０２５年問題が10年後にやってくるという特集記事を新聞で読んでいたので、**社会でこれから必要とされるのは介護の分野であり、ビジネスチャンスがある。何か事業展開できるかなという意識もありました。**

介護福祉士養成課程の2年間で、高齢者や障害者施設で5回実習しました。このときの体験から、みんなが幸せでいられるような時間や空間をつくり出すために役に立てたらうれしいと思うようになりました。２０１７年3月に介護福祉養成科を卒業し、介護福祉士の資格を取得することができました。翌年度から、「卒業により介護福祉士の国家試験の受験資格を得る」と改定されたので、運がよかったです。

――さらに社会福祉士科に進学したのはなぜですか？

２年間介護を学ぶうちに、やはり社会福祉士の勉強もしたいと考え、同校の社会福祉士・児童指導員科に入学しました。職業訓練の終了により、無収入かつ学費を負担することになったので、まず介護福祉士の資格を活かして、介護老人保健施設の非常勤職員として半年ほど働きました。現在は、学業分野でもある東京都社会福祉協議会のボランティア・市民活動センターでアルバイトをしながら、学んでいます。

現在在籍している学科では、上智大学の授業も履修できます。専門学校生のサークル活動に参加したりして、学校生活を謳歌しています。

人生１００年時代、「リカレントで社会人の学び直しを」と政府が推奨しているという報道がありましたが、「おっ、自分は先を行っているかな」とも感じています。

――今後の計画を教えてください。

あんま・マッサージ・指圧師は、自宅でも条件を満たせば開業できます。社会福祉士科を卒業してからの働き方は、独立開業する治療院と社会福祉士・介護福祉士に関わる仕事を半々くらいでやっていけたらと思います。

開業する場合は、日本政策金融公庫や居住区の開業資金の融資あっせん制度などを利用することを考えています。シニア向けのサービスもあれば利用したいです。

外資系石油会社を51歳で早期退職 今は故郷の岩国出身者の学生寮の舎監

大田憲明さん［70歳］

51歳で早期退職。キャリアコンサルタントとして9年働いた後、
学生寮の舎監に転身した大田さん。
自らも学生時代を過ごした学生寮の頼れる先輩として、
学生たちの成長を温かく見守っています。

PROFILE

おおたのりあき●山口県岩国市出身。会社を早期退職後、キャリアコンサルタントを経て舎監に。楽しみは高原で過ごす休日とフランス在住のお嬢さん家族に会いに行くこと。

——51歳で早期退職を決めたとき、何をやろうと考えていましたか？

私は山口県岩国市出身で、東京の大学を卒業して外資系石油会社に就職し、長く総務畑で働きました。東京と岩国での勤務でしたが、たまたま岩国の製油所に転勤になったときに地元の会社や自営業の人たちと月1回、飲みながらの勉強会があり、そこでずいぶん刺激を受けたことをよく覚えています。

会社が早期退職者を募ったときはまだ51歳でしたが、すぐに手を挙げました。定年まで働くよりあまりある好条件に魅力を感じたからです。何かをやろうと決めていたわけではありませんが、自分もやる気になれば何かできるだろうと思っていました。

4月に早期退職に手を挙げて、半年後に退職という間に、日本経済新聞で見つけたキャリアカウンセラー養成講座を週末に受講し、結局その会社に転職しました。キャリアコンサルタントと、産業カウンセラーの資格を取り、再就職支援会社で9年間働きました。カウンセリングの仕事では、頭ではわかっていても行動に移せない人が圧倒的に多く、一生懸命支援していてちょっとむなしさを感じていました。

——学生寮の舎監になったきっかけは？

そんなころ、**キャリアコンサルタントの経験を学生のために活かしてほしいという話が来て、後輩の就職を応援したいという気持ちになりました。**フランスに嫁いだ一人娘に会いに行くために、年に2回、2週間程度休ませてもらう約束で舎監を引き受けました。今年で11年目になります。

仕事メモ

- ★ 勤務日数：週5日
- 🕒 勤務時間：10：00~18：00
- ¥ 収　　入：固定給　夏冬ボーナス1か月

実は私も大学時代、現在舎監をしている岩陽学舎に住んでいました。**岩国出身で東京の大学に進学した学生のための男子寮で、全て個室で31室あります。**寮生の募集は地元で行い、現地で入舎生を決めます。勤務は週5日、10時から18時までですが、学生の相談に乗ったり、事務作業に追われて遅くなることもあります。月1回日曜日に全舎生が集まる舎生会には毎回出席します。そのほか地元・岩国で開かれる理事会・評議委員会や保護者会など、年3回は地元へ行きます。

――学舎の公益財団法人化に尽力されたのですね。

岩陽学舎は財団法人としてやってきたのですが、公益財団法人になると税金の控除額が大きいこと、5年さかのぼって還付があることを知りました。「一般財団でもかまわないが、君がやるのならやってみていいよ」と言われ、3年がかりで調べたり、講習を受けたりして書類を作成し申請しました。2013年に公益財団法人の認可が下り、アクションを起こすことの大切さを感じました。

公益財団法人は、ガバナンスが問われます。経理の仕事は未経験でしたが、会計ソフトを入れてがんばっています。日常かかる補修費などは私が担当ですが、大きな金額の出費は理事長や常務に確認します。理事と税理士が月1回経理をチェックします。**舎監の仕事に就いて思うのは、問題意識を持つことが大切だということです。**

岩陽学舎のこれまでの卒業生は約500名です。運営資金は保護者からの月々の舎費が一番大きいですが、寄付金も大切な資金です。税控除に関わるので、寄付の実績を出す必要があります。漫画家の弘兼憲史さんは岩国出身で、舎生時代の仲間です。財団の顧問もしてくださり、寄付・講演など何かと応援してくれています。

――学生さんと接するために心がけていることはありますか？

大学関係者が登壇するシンポジウムなどに積極的に出かけて情報収集をして、学生たちに伝えています。また学生のうちに海外に出て日本を外から見てみなさいと勧めています。大学生の集団ですから、ちょっとした事件もときどき起きます。してはいけないことは厳しく注意して、親御さんに報告しますが、**世代の違いや価値観の変化があるから、いろいろあっても当然と思うようにしています。**

ここを巣立っていった学生たちが、社会に出て活躍することが一番うれしいです。結婚式に招待を受けたらなるべく出席させてもらいます。なかなか就職が決まらなかった学生が会社の商品のワインを届けてくれたときはうれしかったです。

――この仕事をずっと続けようと思われますか？

公益財団法人の認可が下りたときにお役御免と引退を伝えましたが、3年に1回査察があるからわかる人がいないと困ると言われ、続けています。1回目の査察前には寮の片づけや書類の準備に忙殺されて、肺炎になったものの入院せずに薬で査察をしのぎました。後任探しは続けています。今後ここを辞めても何かよい仕事があれば、転職するかもしれませんね。

怪我で植木職人は断念し 週3日マンション管理員の仕事で体も健康に

水﨑敏雄さん［69歳］

定年後、先輩の勧めでマンション管理員の仕事を始めた水﨑さん。
マンションの住民との触れ合いも楽しみながら、
週3回、午前中勤務をしています。
自分の裁量で、段取りを工夫しながら取り組んでいます。

PROFILE

みずさきとしお●千葉県出身。凸版印刷株式会社の営業マンとして定年まで勤める。定年退職後植木職人を目指すが怪我で断念。現在マンション管理員として週3日働いている。趣味は将棋、旅行など。

――マンション管理員の仕事を始めたきっかけは？

この仕事を始めて、4年目になります。64歳まで凸版印刷でパッケージ中心に営業や業務の仕事をしていました。**リタイアしたら、陽の光を浴びながら仕事をしたくて、植木の剪定をするつもりでした。**道具も揃えましたが、自転車で転んで右足のかかとを骨折し、完治までに1年半かかりました。**これでは脚立に乗って作業をするのは無理だとあきらめたんです。**

そんなとき会社の先輩がマンションの管理員をやっていて、「この仕事はいいよ」と勧められ、ハローワークに行きました。履歴書を書いて送ったところ、1社目で書類選考が通り、面接で採用が決まりました。10月に内定、翌年1月から2週間の研修を受けました。最初の1週間は研修センターで窓を拭いたり、モップをかけたり、デッキブラシを使ったり、実務の練習をしました。プライバシーの取り扱いやマンション管理についてなどの座学もあり、その後実際にマンションで研修を受けます。最後の数日は自分が勤務するマンションに行き、管理組合のことなどを含めて、先輩から引き継ぎを受けました。

――具体的にどんな仕事をするのでしょうか？

私が管理員をしているのは、5階建て29戸の分譲マンションです。勤務は月曜・水曜・金曜で、勤務時間は朝8時半から12時。一人で担当しています。日々の仕事は掃除がメインです。1階のエントランスやアプローチ、エレベーターホール、5階までの通路や階段などを自在ほうきやコードレス掃除機・モップなどを使って掃除します。駐輪場や駐車場、

仕事メモ

- ★ **勤務日数：週3日**
- 🕒 **勤務時間：8:30〜12:00**
- ¥ **収　　入：時給制**

■株式会社大京アステージ
国内のマンション約7000棟の管理を請け負っている。
http://www.daikyo-astage.co.jp/

建物の周りなども全て掃除します。エントランスの大きなガラスドアには子どもの手形が残っていることがあるので、きれいに拭き上げます。

29戸の小規模マンションといっても、やることはたくさんあります。掃除のほかに点検作業の立ち会い、毎月末に建物の割れやヒビがないかどうかなど30項目くらいの目視点検をするのも業務です。

毎回、作業について日報に記録を残します。管理員室にはパソコンがないので、手書きです。日報は営業担当者が適宜確認に来ます。

――仕事で心がけていることはありますか？

「草が伸びているから刈ってください」「鍵をなくしてしまいました。落ちていませんでしたか？」など、住民の方からはいろいろな要望ができます。営業に相談しながら、私はその都度やっておいたことをメモに書いて、依頼された方のポストに入れておきます。それを見て「報告までしてくれたのね」とみなさん感激してくださいます。管理員として当たり前の業務をやっているだけなのに、「ありがとう」といわれるのでうれしいですね。前職の会社にいたときには業務を当たり前にやっていても、感謝されることはなかったですから。

知らない人と話したりするのは、サラリーマン時代に培ったことの延長で苦になりません。無愛想だった人が挨拶してくれるようになるとうれしいですし、赤ちゃんの成長を見られるのも楽しいですね。孫みたいにかわいく思えてきます。

体を使う仕事は健康にもいいと語る水﨑さん。

――この仕事を始めてよかったと思うことを教えてください。

働こうと思ったのは、小遣い稼ぎと健康維持のためです。この仕事のいいところは、希望に応じた時間や日にちを選べるところです。はじめは週3日、朝から夕方まで働きたいと考えていましたが、空きがありませんでした。でも始めてみると、午前中だけの今の勤務形態が無理なく働くことができると思っています。所定の勤務時間を経過すると有給がもらえます。滅多に休みませんが、旅行などで休みを取るときには、代わりの人が入ってくれます。私も代理で他のマンションに入ることもあります。

この仕事を始めてから早寝早起きになり、規則正しい生活リズムになりました。12時まで仕事をして、最寄り駅の喫茶店で軽食を取り、帰宅します。午後4時頃には夕飯をつくって食べます。家内は仕事をしていて忙しいので、家族の分をつくることもあります。仕事がある日の前夜は早く寝ますね。

管理員の仕事を始めてから、体型がスリムになり、以前はよくなかった糖尿病の数値がすっかりよくなって、健康になりました。お金をいただけるスポーツジムだと思って、日々楽しみながら仕事をしています。夏の暑い日でも、さあ今日もひと汗かいてこようと思うと、朝起きるのも苦にならなくなりました。

マンション管理員の仕事は孤独な仕事だと思われるかもしれませんが、所属支店の同じエリアで集まるエリア会議などがときどき開かれ、**情報交換する場が設けられています。**会社として定年はあるのですが、延長できる場合もあるので、できるだけ長く働きたいと思っています。

水﨑さんの1週間

月 仕事（午前中）	金 仕事（午前中）
火 休み	土 趣味の将棋など
水 仕事（午前中）	日 休み
木 休み	

設備工事の職人、少年野球指導者の経験を役立て、介護施設の仕事を

村田勝夫さん［74歳］

72歳まで設備工事の一人親方として働いてきた村田さん。
引退後は、50年にわたる職人経験を買われて
老人ホームで設備メンテナンスなどの仕事をしています。
地域の少年野球では、指導歴40年を誇るベテランとしても活躍中です。

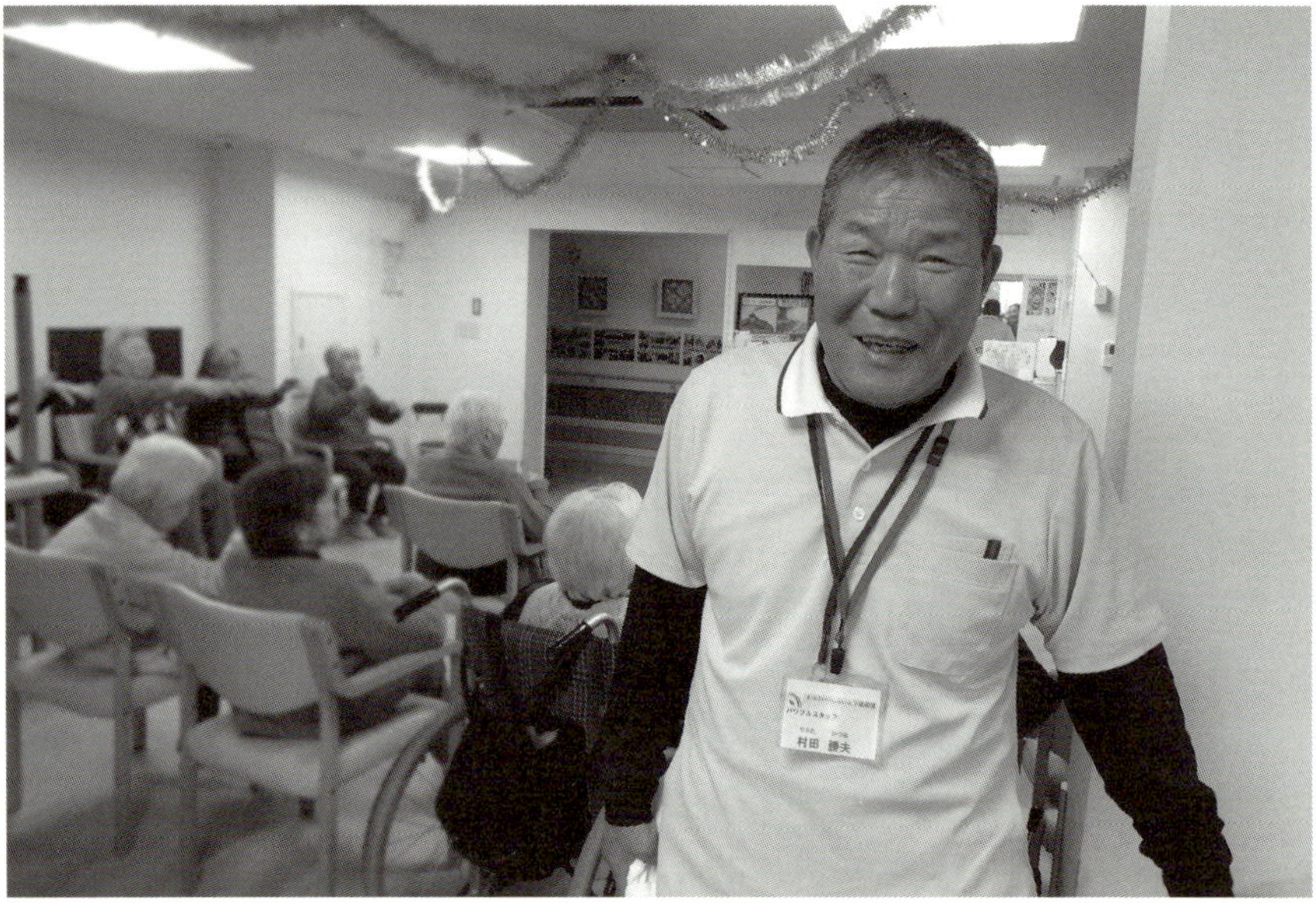

PROFILE

むらたかつお●設備工事の職人として約50年働く。現在は介護付き有料老人ホームでパート勤務。狛江市少年野球連盟理事。少年野球チーム「狛江和泉フレンズ」代表。

――設備工事の職人時代から引退を経て、再就職するまでのことを教えてください。

中学卒業後、福島から千葉に出てきて、牛乳や乳製品を小売店などに配送するドライバーの仕事に就きました。その後、設備工事の職人に転職し、親方の下で15年ほど働きながら仕事を覚え、35歳頃独立。それからはずっと一人親方としてがんばってきました。自営業なので定年はないんですが、60歳以上になると大手ゼネコンではまず使ってもらえないし、脚立などを使った高所作業はさせてもらえなくなります。職人仲間の仕事を手伝ったりしながら小さな現場では働いていましたが、**2年前、72歳のときにリタイアすることを決めました。**

気持ちを切り替えてこれからはのんびりするぞ、と思ったのですが、**いざリタイアしてみると、とにかく時間を持て余してしょうがない。**長年の職人の習慣で、朝は暗いうちから目が覚めてしまう。愛犬の散歩も一日中やっているわけにはいかないし、体力維持のために始めたスポーツジム通いも結局3か月で飽きてしまいました。

そんなとき、40年来携わっている地域の少年野球の仲間から**「遊んでいるなら働いてみないか」と紹介されたのが、介護付き有料老人ホームを運営するらいふの仕事でした。**らいふは関東圏に40以上の施設があり、地域の高齢者を「パワフルスタッフ」として積極的に雇用している企業です。その彼もリタイア後、音楽活動のボランティアをしながら、らいふで働いていたのです。

設備工事の職人だった自分に、全く畑違いの介護施設の仕事が務まるのか、不安はありましたが、思い切って飛び込んでみることにしました。

仕事メモ

- 勤務日数：週5日（月～金）
- 勤務時間：8:30～15:30
- 勤務形態：パート
- 収　　入：時給980円

■株式会社らいふ
有料老人ホーム運営、訪問介護など介護事業を展開。地域高齢者の雇用（パワフルスタッフ）にも取り組んでいる。
https://www.life-silver.com/life/

――介護施設では、どんな仕事をしているのですか？

らいふの面接では「現役時代の経験を活かした仕事をしていただきたい」と言われました。新しい仕事を一から覚えるのは無理だけど、それならできる。老人ホームの設備工事は何度も手がけたことがあるし、実はらいふにも仕事で来たことがあったんです。そのときは、まさか自分がここで働くことになるとは思いもしませんでしたが。

らいふで働き始めて2年。イベントの設営などで簡単な大工仕事を任されることもあります。洗面所などの水回り、空調、電気関係の設備のメンテナンスのほか、勤務は月曜日から金曜日まで。基本的には毎日、世田谷区内の施設に出勤しますが、関東圏にある同じ系列の施設に呼ばれていくことも。手が空いたときは、できる範囲でスタッフさんのお手伝いをします。入居者の方々に喜んでもらおうと、花や野菜も育てています。

――介護施設の入居者の方と接するときに、心がけていることはありますか？

加湿給水器の補水などの作業で入居者のお部屋に入るときは二言三言、必ず会話をするように心がけています。お話ししながら一緒に窓の外の景色を眺めていると、少年野球で子どもたちに指導しているときの自分の姿が重なります。子どもたちと話すときは腰を落として、必ずその子の目線に自分の目線を合わせるんです。子どもの性格や学年によって指導や練習法を考えたり、一人ひとりにいい思い出をつくってもらおうと気を配ったりするのも今の仕事と似ています。入居者の方々は年が近いこともあって気安く話しかけてくださいます。笑顔を見ると、こちらまでうれしくなります。

加湿器の重い給水タンクも軽々持ち上げる。

自分は体を動かすのが好きなので、毎日の勤務も全く苦にはなりません。力仕事なら、まだ若い人には負けないですよ。加湿器の20リットルの給水タンクを持ち上げて高い棚に入れるのも僕の仕事。「やっぱり職人さんは違うね」と驚かれます。

僕がふだん勤務している施設には、僕と同じような「パワフルスタッフ」の仲間が、僕のほかに男女二人ずついます。教育者だった方、サラリーマンで早期退職した方、経歴は実にさまざまですが、みなさん現在の仕事を楽しんでいるようです。

――今後どのように働いていきたいと思いますか？

施設長さんは「体が動くうちは、ずっと来てくださいね」とおっしゃいます。ありがたいことです。僕もできればぜひそうしたいと思っています。先日は施設長さんに声をかけていただいて介護関係の講習会に参加し、車いすの押し方、体への触れ方、おむつ交換の仕方などについて教わりました。もう一回講習を受ければ時給が上がるそうです。でも、僕は今のままで十分なんです。介護の資格を取ろうとまでは思っていませんし、若い介護士の方たちを見ていると、とても自分には真似できないと思うんです。餅は餅屋。今は自分にできる仕事をしっかりやることで、みなさんの役に立ちたいと考えています。

仕事も少年野球も、周りの仲間たちが温かくサポートしてくれたからこそ続けてこられたと思います。そういう意味では、女房の存在も大きいですね。毎朝5時には起きて、お弁当をつくって持たせてくれるんです。僕が元気で働けるのも、少年野球に熱中できるのも、女房あってのことと感謝しています。

■村田さんの1週間

- 月 らいふ勤務
- 火 らいふ勤務
- 水 らいふ勤務
- 木 らいふ勤務
- 金 らいふ勤務
- 土 少年野球の指導
- 日 少年野球の指導

人のため社会のために生きる 僧侶という仕事が定年後は最高

柴田文啓さん［83歳］

企業戦士として働いてきた柴田さん。
若い頃、坐禅会で出会った老師の生き方に影響を受け、
第二の人生は僧侶になって社会貢献をしようと心に決め、
長野県千曲《ちくま》市の開眼寺《かいげんじ》の住職に。
住職のいないお寺のためにこれからも働くと意欲的です。

PROFILE

しばたぶんけい●福井県出身。福井大学工学部卒業後、横河電機株式会社に入社。横河電機取締役、アメリカ横河電機社長などを歴任。定年退職後、臨済宗の専門道場で修行を積み、千曲市の開眼寺の住職になる。

——僧侶になろうと考えたのはいつ頃ですか？

私の父は小学生のときに戦争で亡くなりました。母は信心深い人で、毎朝父の仏前でお経を上げておりました。地域性もあるのでしょうが、私の生活の中には常に仏教があったと思います。地元の福井大学工学部に進学し、卒業するときに何か記念に残ることをしたいと考え、永平寺に1か月間入って修行僧の真似事をしました。

就職したのは、東京の横河電機でした。仕事に慣れてきた30歳のときから、毎週日曜日に五日市の徳雲院の坐禅会に通うようになりました。ここの加藤耕山老師と巡り会って3年間学ぶうちに、**人生最後は坊さんになろうと決めました。**

横河電機での仕事は、製造関係から営業の担当に変わり、ゼネラル・エレクトリック（GE）社との合弁会社を日本で設立したときはマーケティングと営業の責任者でした。その後、**アメリカのアトランタとミルウォーキーに合わせて4年ほど駐在しました。**横河電機アメリカ社には、83歳で現役の電気技術者がいました。日本には定年制度がありますが、アメリカで「あなた83歳だから、もう辞めなさい」と言ったら、きっと訴えられるでしょう。歳を重ねれば、自分のアウトプットはもちろん下がります。それに対して、収入が下がったとしても自分の仕事に対する給料をもらえれば、働けるうちは一生働く。そういう自立した生き方はいいなと思いました。

——定年後、僧侶になるためにどんな準備をされましたか？

特別な準備は不要です。強い決心が求められます。62歳で定年になった後、すぐに僧の

仕事メモ

- 勤務日数：特に休みなし
- 勤務時間：時間は問わない

道に入るつもりでいましたが、会社が支援する「ＰＲＯＪＥＣＴ ＨＯＰＥ」というアメリカの国際医療支援ＮＧＯの日本支部立ち上げをそのまま4年ほど手伝いました。65歳から、滋賀県にある永源寺の専門道場で1年3か月修行しました。

２００1年に長野県千曲市にある臨済宗妙心寺派の開眼寺住職になりました。寺は標高５００メートルにあり、故郷の福井よりも冬は寒さが厳しいところです。13年間空き寺になっていて、檀家は一軒だけでしたが、地域の人たちが大切に守ってきた小さなお寺でした。徐々に整備し、知人、友人たちからの寄付で禅堂を建立することもできました。

――僧侶になってみていかがですか？

僧侶は、毎日が修行です。朝4時半に起きて、5時から6時まで坐禅、6時からお経を上げます。それから朝ごはん。8時から12時までは掃除です。健康にもよいですよ。

昔は日常生活の中にお寺がありましたが、現在ではお寺とのつながりは、葬式のときくらいですね。最近は、僧侶が関わらない葬式も増えているので、さらに関わりが薄くなっていると思います。私の寺はいつでも誰でも訪ねてこられるように24時間開けています。真夜中に訪ねてくる人もいます。そんな人にはお寺に泊まってもらい、朝一緒に坐禅をしたり、お経を上げます。心の病をかかえている人のために近くに部屋を借りて、お米を差し入れたりしたこともありました。**人の悩みを聞くのは、住職の大切な仕事です。**

毎週日曜日には、坐禅会を開いていて、地域の方が来られます。地域の中学生たちが授業でやってきて、坐禅をすることもあります。千曲市の新任の先生の研修や、企業の新入

長野県千曲市の開眼寺本尊〝聖観世音菩薩〟。

社員研修や管理職研修を受け入れて坐禅を指導しています。講演などを依頼されることもあります。仏教について学ぶ東京国際仏教塾は一般教養として勉強するので僧侶の資格が取れるわけではないのですが、ここで学んでいる人も私のところに坐禅にやってきます。

——定年後は僧侶になることを勧めているのはなぜですか?

日本の伝統仏教は危機に瀕していると感じています。臨済宗だけでも、1年で50近くのお寺で住職がいなくなっています。高齢化も原因ですが、後を継ぐ人がいないのです。私は臨済宗妙心寺のプロジェクトメンバーに入り、「第二の人生は僧侶の道に」と広報活動・求人活動のため全国を飛び回っています。無住職のお寺はお布施や戒名料の収入が皆無か、ごくわずかです。でも定年を迎えた人は年金があるので、檀家のお布施に頼らなくても生きていけます。ただシニアの人が年間約10人資格を取っても配属先を提示されると、約半分の人が奥さんの反対で断念しています。親の介護で難しい人もいます。私の場合は常々僧侶になりたいと家内に話していたので、ついてきてくれました。そこで週に数日通えるような住職の働き方を考えているところです。私自身はこの寺を後継者に譲り、これから別の山寺を二つくらい整備したいと考えています。後継者を育成中です。

定年を迎えて、毎朝起きてすることがなかったら、さみしい毎日と思います。僧侶として働くことは、世のため、人のためになります。**人生経験を重ねてきた人たちが、過去の経歴や地位などを捨て去って、第二の人生として取り組めるとてもよい仕事だと思います。**人生の最後が僧侶。これが最高の選択肢の一つだと思っています。

70歳からは新しい仕事に挑戦 福島では除染作業支援に従事

江口金治さん[73歳]

被災地支援のボランティアをしたかったので、
福島県郡山へ初めて単身赴任した江口さん。
現在のマンション管理の仕事では、東京消防庁勤務時代の
事業所の立ち入り検査の経験や資格が活きています。

郡山市で除染結果を測定している江口さん(右)。

PROFILE

えぐちかねはる●佐賀県出身。福岡大学卒業後東京消防庁入庁。定年後PRセンター、都民相談、救急相談センター業務に携わる。高齢社に登録後、郡山市の除染業務支援などを経てマンション管理業務に就く。

――これまでどんなお仕事をされてきましたか？

大学で中学と高校の教員免許を取得したので、教師になりたいと思っていました。1967年当時は高卒の8割が就職希望の時代で、新卒の教員に生徒の進路、特に就職指導ができるのかと考えていたときに消防庁勤務の先輩から「消防にはあらゆる事業所に立ち入り検査を行う仕事があり、事業所の責任者から関係業界の10年後、20年後の見通しを聞く機会があるから進路指導の参考になる」と聞き、東京消防庁を受験しました。2年ほど社会勉強をして教師にと思いましたが、この仕事が天職と、定年まで勤務しました。

定年退職後、東京消防庁の専務的非常勤として、指導広報部広報課広聴係・PRセンターに3年間勤務しました。全国からPRセンターに訪れる中学生や高校生に、火災予防や救急車の適正利用など消防の仕事の全般を説明しました。広聴関係では、電話対応の仕事もしました。消防署に対する感謝の電話も多かったですが、ときには苦情も寄せられました。

2007年5月に東京消防庁が全国で初めて救急相談センター（♯7119）の運用を開始しました。開設と同時にこの救急相談業務に4年間従事しました。救急車の適正利用を目的としたもので、あまり緊急性がなく自分で病院に行ける人は直近の救急病院に行くよう案内します。緊急性が高い人は救急車を要請するようにと案内するものです。

公務員は、誕生年の3月31日が退職日です。だから3月31日と4月1日では、天と地がひっくりかえるほどの違いがあります。昨日の部下が、翌日からは上司的な立場になります。この人間関係の変化にうまく切り替えることができるかが、その後の職場関係がうまくいくかどうかの分岐点になると思います。7年間非常勤として勤務したときは、余計な

仕事メモ

★ **勤務日数：週5日 月20日**
◷ **勤務時間：9:00～17:00**
¥ **収　　入：時給制**

■株式会社高齢社
定年後の人たちに働く場を提供するために東京ガスOBの上田研二氏が2000年に設立。シニアに仕事を紹介する老舗的存在。現在東京ガスOBを含めて、約900名が登録し、契約会社約100社に派遣されて働いている。
http://www.koureisha.co.jp/

口出しは控え、**一人の定年退職者として謙虚な気持ちで働くように努めました。**元の職場で働いていると口出ししたくなることもありましたが、これをすると煙たがられます。ただし後輩からアドバイスを求められたときは、それまでの知識と経験を活かして、親切、ていねいにアドバイスしました。

その後社会福祉法人　特別区人事・厚生事務組合　社会福祉事業団に採用され、公園などで路上生活をする人たちに対して、仕事を通して社会貢献し、自分自身で生活できるように支援する自立支援業務に、相談員として3年間携わりました。

──除染の仕事に関わることになったきっかけは？

70歳のとき、高齢社に登録させていただきました。故日野原重明先生の人生の心得を見習い、**70歳からやったことのない新しい仕事を始めたいと思っていたのです。**

最初に依頼されたのは、福島県郡山市が発注してきた除染作業員業務の支援と監督特別教育および除染等業務作業指揮者の仕事でした。自分も消防の仕事に携わってきた者の一人として、**東日本大震災の被害者のために何らかの形で貢献できることがあったらやりたいと常々思っていたので、二つ返事で引き受け、**この仕事に必要な資格を取得して、赴任しました。家族にははじめ反対されましたが。でも理解してくれたと思います。

除染作業は、国や県や市の基準に基づき、除染対象の責任者と話し合いをして作業工程表を作成し、作業工程表に基づき、除染作業者に指示します。除染作業終了後、仕様通りに作業が行われたかどうかをチェックしました。百数十軒を担当し、1年半の任期満了となり東京に戻りました。単身赴任は初めてでした。マンションの一室を借りて、男性ばかり3人で暮らし、食事の準備も協力してやりましたよ。

——現在はどんなお仕事をしていますか？

高齢社から依頼を受けて、72歳からマンション管理の仕事をしています。この仕事では、東京消防庁で働いていたときにあらゆる事業所に立ち入って検査をする防火管理業務の指導をしていた経験が役立っているかなと思います。過去にマンションの理事長や管理組合の役員も経験していたので、すんなりと業務に入っていけました。

週5日、月20日勤務ですが、精神的にも肉体的にも大変だとは感じていません。健康維持のためにジョギングやウォーキングはやっています。ストレスを残さないようにしていますが、ストレスを感じたときには、一人カラオケに行ったりして発散しています。趣味はゴルフや野球などスポーツと旅行です。またＮＰＯ法人あい・ぽーとステーション認定の「子育て・まちづくり支援プロデューサー」としても活動しています。私の特技は紙芝居です。紙芝居師としての芸名は「寅Ｑ」といいます。

定年退職してから14年になりますが、ずっと仕事をしています。このことは社会が自分を必要と判断し、採用していただいたと思っています。**これからも可能な限り、今まで経験していない仕事にも挑戦したいです。**私の人生訓は、人に・仕事に・地域に、三つの感謝です。今後も健康管理に十分気をつけて、１年でも長く社会に貢献したいです。ただし体力的に社会貢献ができないと自覚した時点で、潔く身を引くつもりです。

家事代行の仕事のやりがいは シニアのエネルギーを人のために使えること

平川玲子さん［61歳］

ご主人のロンドン駐在がきっかけで、日本語教師になった平川さん。
その後、60歳を機に新しい仕事にチャレンジ。
家事代行スタッフとして生き生きと働いています。

PROFILE

ひらかわれいこ●大阪府出身。夫の転勤でロンドンで7年暮らし、日本語教師の仕事を始め帰国後も続ける。傾聴関係の事務局スタッフをした後、現在株式会社かじワンに登録し、家事代行スタッフをしている。

――今までどんな仕事をされていたか教えてください。

イギリスで日本語教師の仕事を始めました。その会社には東京支部があったので、帰国後も日本語教師を続けることができました。生徒は会社の社長やエグゼクティブの人たちがほとんどで、とにかくすぐに使える日本語の言葉を教えてほしいという要望が多かったです。日本人が思いつかないようなことに疑問を持ち、質問してくるので、準備がとても大変でした。この仕事は4年ほど続けました。勤務形態は派遣で、時給で働いていました。日本語教師の仕事を辞めてからは、傾聴の勉強をしました。日本語教師の経験で、人はみんな話を聞いてほしいのだと思ったからです。傾聴のNPO法人から誘われて、正社員として事務局で10年近く働きました。60歳になるときに、組織が縮小することになり辞めました。

――現在、家事代行としてどんな仕事をしていますか？

家事代行の仕事に出合ったのはたまたまでした。ハローワークで今お世話になっているかじワンがコーディネーターを募集していたのを知り、応募しました。残念ながら不採用だったのですが、ホームページで家事代行のスタッフを募集していたので連絡し、面接を経て、登録しました。

採用が決まると、会社で1時間半程度の研修を受け、家事代行の心構えや洗剤の基礎知識などについて学びました。お客様のお宅でコップを割ってしまったなど事故が起きた際の対処法などについても教えてもらいました。

仕事メモ

- ★ 勤務日数：月5〜7日程度
- 勤務時間：1回2〜3時間
- ¥ 収　入：時給1200円〜

■株式会社かじワン
東京都内23区を中心に家事代行サービス、ハウスクリーニングを展開。シニア世代を積極的にスタッフとして雇用している。
https://kaji-one.jp/

現在は、依頼されているお客様のお宅に定期的に一人で伺い、掃除をします。1回の勤務時間は、お客様の希望に合わせて2時間、3時間と幅があります。掃除内容の要望は会社に伝えてもらいますが、ご自宅には連絡ノートが置いてあるので、そこに指示が書かれていることもあります。

2時間の掃除でどれくらいできるかわからない方が、多種多様な依頼をされることもときにはあります。「ここもお願いします」とざっと言われたときに、どの辺までするのかは、毎回探りながらですね。ちょっと新しいことをしてお客様に感謝されると、ああそうか、ここも必要だったんだなとわかります。私も時間内で一生懸命やっていることはわかってくださっているので、あまり細かいことは言われないですね。

依頼される方はきれい好きな方が多いんです。留守のお宅が多いですが、顔だけ合わせて、指示を確認してから外出される方もいます。これまで、困ったことはほとんどありません。日本語教師の仕事のときも外国人のお宅に伺って教えていたので、それを思えば日本語が通じますから。**寝室などあまり人に入ってほしくない場所の掃除に私を迎え入れてくださるわけなので、ていねいな仕事をしたいなといつも思います。**

その日の仕事の報告は、携帯のメールからでもかまわないのですが、私はパソコンからメールで送ります。きれいになったなあと自分で思うときにはやりがいを感じます。

——家事代行の仕事に対してのご家族の反応はいかがでしたか？

私は掃除が好きで、できる限り自分でやりたいほうです。結婚した一人息子の家の掃除をしたいと思うことがあり、だったらお掃除の仕事をしようかと考えたのも応募した動機でした。主人と息子は最初「え？　どうしてよそのお宅に掃除に行くの？」と驚いたようでしたが､私はじっとしていられない性格だと知っているので、「お母さんは働いていたほうがいい」と思っているようです。

現在は月5回程度働いています。もう少し増やしてもと思いますが、大阪にいる母も年を取ってきていますし、息子のところに二人目の孫が生まれるので、あまりびっしり仕事の予定を入れてしまうと、何かあったときに大変です。ほどよいペースかもしれません。

趣味は主人と山歩きをすることです。そのほか週に4回、主人と二人で夕飯をつくり、息子家族の家に届けています。

――どれくらいこの仕事を続けていきたいと思いますか？

お掃除の仕事は、体をかなり使います。三階建ての家の場合は特に階段を上ったり下りたりするので、結構疲れます。筋肉が弱くなったかなと思い、この仕事を始めてから週に2～3回近くのジムに通い始めました。室内にこもってトレーニングをするのはあまり好きではありませんでしたが、仕事のためには軽く体を動かしておくことだけでも、定期的にやっておくと違うかなと思っています。山歩きにも役立っているかと思います。

私はもっと高齢者のエネルギーを利用して、少子化で大変な若い人たちをサポートしたいと思っています。だからこの会社に出合って、よかったなあと思います。これから何年やるかはわかりませんが、できる限り仕事は続けたいなと思います。

1日1組限定。築130年の自宅で夫婦2人で始めた漁家民泊

嶋﨑長夫さん［70歳］　**嶋﨑郁子**さん［65歳］

漁連に勤めていた長夫さんと元保育所所長の郁子さん夫婦は、
京都府の制度を利用して、宮津市の自宅で体験型民泊を始めました。
1日1組限定で、自宅の一室が宿泊部屋です。
その日とれたものを使ったおいしい漁師飯が人気です。

PROFILE

しまさきたけお●京都府宮津市出身。元漁協・魚連勤務。
しまさきいくこ●京都府宮津市出身。元公立保育所所長。
現在は夫婦で、漁家民泊「長栄丸」を営む。

——民泊を始められるまでどんな仕事をされていましたか？

長夫さん●京都府宮津市で生まれ育ち、漁協や漁連で長く働いていました。58歳のときに、好きな海で自分で自由にできる仕事を始めようと思い退職。船を買い、国土交通省の許可を取って観光用の海上タクシーを始めました。親も漁師でしたし、子どもの頃から海が遊び場だったんです。これからは楽しいことだけをしていこうと思っていたのですが、家内が民泊をやろうと言い出して、自分の時間がなくなるのはいやだなぁと思いましたが、家内は言い出したら聞かないし、しようがないなぁと思って一緒に始めました。

郁子さん●私も地元の生まれで、38年間、宮津市の公立保育所で保育士をしていました。**大好きな仕事でしたが、定年を待たず58歳で退職。もう十分仕事をしたし、60歳まで仕事していると次の準備ができないと思ったんです。**退職後は、京都府立海と星の見える丘公園で、宿泊客の食事づくりのお手伝いをしていました。実は、民宿みたいな人がいっぱい来てくれる仕事も楽しそうだなと、ずっと昔から思っていたんです。

——民泊をやりたい！と思ったきっかけは？

郁子さん●京都府の「命の里」農山漁村里力再生事業というのがあって、条件さえ満たせば、民泊としてオープンできると知ったことが、具体的に動き出した大きなきっかけでした。新しく建物を建てる必要もなく、今住んでいる家のまま特別な改装もしなくていいのなら、うちでもできるかもしれないと思ったんです。すぐに京都府や宮津市に相談にいきました。何度も足を運ばないといけなくて大変なこともありましたが、担当の方に親切

仕事メモ

- ★ 勤務日数：週3組程度
- 勤務時間：終日
- ¥ 収　　入：300万円

にしていただき、他市の勉強会や研修会にも参加しました。反対されると困るので、お父さんに内緒で着々と準備を進めました。保健所や消防のややこしい書類なども書き上げ、いよいよ最終書類を出すというとき、「実は、これを進めてるんだけど、一緒にしない？」とはじめて打ち明けたんです。あまり乗り気でなさそうだったお父さんも、「そこまで進んでいるのなら……」と承諾。作戦成功でした。約１年の準備期間でオープンにこぎつけました。最初は仕方なく、だったかもしれませんが、最近ではお父さんのほうがお客さんに喜んでいただけることをいろいろ考えています。やっぱりお客さんが来てくださって、喜んでいただくとうれしいですから。

長夫さん●僕が知らないあいだに家内が勝手に進めていたのですが、そこまで準備してるなら、一緒にやるしかないなぁという感じでした。**うちは、昔から友達がよく遊びにくる家で、海でとった魚と畑でとれた野菜でつくったごはんを、結構みんな喜んでくれていたんです。その延長みたいなものだと思って始めました。**

宿の名前の長栄丸は、僕の船の名前です。ここに来ていただいたら、やっぱり海で遊んでもらいたいですし、海のことは僕の出番ですから。

――現在の生活について教えてください。

長夫さん●２０１５年７月に体験型民泊「長栄丸」をオープンしました。**1日1組、最大6名まで。週2組ぐらいがちょうどいい感じだと思ってやっています。**自宅の一室が客室で、そのすぐ隣は私たちのプライベートスペースです。お風呂やトイレも家族と一緒で

「もんどり漁」（「もんどり」と呼ばれるカゴに餌を入れ、海の底に仕掛ける漁）も体験できる。

す。**お客さんは口コミなどで少しずつ増え、２年半で５００人を迎えました。**シニア層のご夫婦のほか、夏は子ども連れのご家族が多いですね。関東や東北など、遠くからも来ていただいてます。

うちは海から近いので、もんどり漁やたこつぼ漁、箱メガネで海の底をのぞきサザエやアワビをとる水視など、僕の船で漁業体験をしていただけます。漁業体験の漁でとれた魚が、おかずになるのも喜ばれます。伊根湾を船から見たり、朝の漁港で定置網でとれたばかりの魚が買える「浜買い」も楽しめます。料理は、僕が漁でとってきた新鮮な魚と、うちの畑でとれた旬の野菜を使った郷土料理をお出ししています。

――やりがいや今後について考えておられることを教えてください。

郁子さん●魚貝がおいしい、ごはんがおいしい、と喜んでいただけるのがうれしいです。リピーターさんも増えました。帰りに次の予約をされる方もいらっしゃいます。お客さんが多くて忙しいときは大変ですが、それも楽しみです。

うちの近所は、うちと同じような昔ながらの大きな家が多いので、みんなも民泊をしたらいいのに、といつも思っています。よそから来る人との交流も楽しいし、つくったごはんを喜んでもらえるのはうれしいです。お小遣い稼ぎにもなりますし。

民泊は、夫婦二人だからこそできているので、どちらかがどうかなったら自然消滅かなと思っています。それまでは、ぼちぼち続けたいです。好きなように、楽しく、飾らず、そのままでやっていこうと思っています。

宿の名前の長栄丸は、長夫さんの船の名前から付けた。

築130年の自宅の一室を宿泊部屋にしている。

市民センターの館長公募試験に合格 目指すのは地域のコミュニティづくり

服部多恵子さん[57歳]

20代で立ち上げたソフト開発の会社を、
4人の子どもの出産・育児のため10年間休業した服部さん。
自らの子育て経験、子育て支援の活動から地域福祉に関心を持ち、
現在は市民センター館長として安心・安全な地域づくりを支援しています。

PROFILE

はっとりたえこ●福岡県出身。高校卒業後、東畑建築事務所に入社。1984年にソフト開発の会社を設立。出産・子育て期10年間の休業を経て、仕事を再開。現在は北九州市立吉田市民センター館長。

――これまでどんな仕事をされていましたか？

建築設計会社の建築部材の大きさを決める構造計算の部署で、技術計算のソフト開発に従事していました。結婚後、家でできる仕事を模索するようになり、25歳のときに退職して、ソフト開発の会社、有限会社クリエイトを設立しました。29歳のときに第一子を出産。4人の子どもを出産・子育てしていた約10年は、休業して子育てに専念しました。下の子の幼稚園入園を機に、会社を再開。子どもの状況に合わせ、徐々にプログラムを組む仕事から、ホームページのデータ処理や講師の仕事などにメインの仕事をシフトしていきました。その後、思うところがあり、大手通信会社の社員となり、インターネットの工事の手配とクレーム処理の仕事をしていました。

――市民センターの館長試験を受けようと思われたきっかけは？

そもそものきっかけは、子育て中に地域福祉に関心を持ったことでした。一人目を出産した後、家の近くの公民館（現市民センター）で託児付きの子育て講座があることを知り、参加したんです。そこで、人生の財産となるような仲間づくりを体験しました。子育てサークルや子育て支援のボランティアグループをつくって活動し、行政ともつながって、お母さんたちの声を伝える窓口的な役割も担いました。

子どもが大きくなってからも、市民センターでのフリースペースの運営や、読み聞かせの活動など、子育て支援の活動をずっと続けていた関係で、長く北九州市の社会教育委員も務めていました。その委員会で、15年ほど前に始まった市民センターの館長公募制度に

仕事メモ

- ★ 勤務日数：週5日
- 勤務時間：8:45～17:15
- ¥ 収　　入：400万円

ついて検討することもあり、自分もその内容について提案したりもしました。市民センターは、子どもから高齢者まで、幅広い世代の人と人をつないで、地域で支え合うコミュニティをつくれる場所だと思っていました。**自分も歳を重ね、これからは地域を安心・安全に導くような仕事がしたいと思い、館長試験を受けてみることにしました。**

――館長試験と現在の仕事について教えてください。

市民センターの館長公募応募者の多くは、元学校の先生や、市民センターの元職員の方などで、民間出身の方はまだわずかです。民間からの応募者は、コミュニティに関する仕事やボランティアをしていた人が多い傾向があります。女性より男性が多いようです。館長試験は、第一次選考で書類審査、筆記試験、作文試験。二次選考では筆記のほかに面接試験があり、「地域のいろいろな課題を解決するためにあなたは市民センターの館長としてどういうことをしたいですか」ということを聞かれます。学歴や知識が問われるのではなく、思いとそれに対する意欲が問われます。私がしたいのは、地域の人と人をつなぐこと。地域の人の輪が、地域の安心・安全につながると思うと話し、合格しました。56歳のときでした。

就任前には、地域福祉に関する研修や講座などに積極的に参加して、勉強をしました。経験のない仕事なので、就任後はわからないことも多く、前任者の資料などから手探りで行った部分も多くありました。従来から続いている講座も、さらに幅広い世代の多くの方に来てもらえるように工夫したり、餅つきや夏祭りなど、楽しく集まっていただける地域

地域の人たちが集まって行われる餅つき。

さまざまな講座を開講している。

の行事も大切にしています。なるべく、市民センターに来ていただいた一人一人の方に、声をかけることを心がけ、地域の人を知り、活躍してもらえる場をつくり、それが地域の見守りにつながっていったらうれしいと思っています。一緒に働く職員と、目的意識や方法論の一致を図っていくことも、これからの課題です。今、ちょうど一年が過ぎたところなので、**今後は実績や信頼関係を積み重ねながら、もっと充実させていきたいと思っています。**

――今後についてはどのように考えておられますか？

任期の5年間は、今のペースで働きたいと考えています。その後は、もう一度館長採用試験を受けて採用されたら65歳の定年までこのペースで働くかもしれないし、ほかにやりたいこと、優先したいことができたらそれに挑戦するかもしれません。市民センターの館長の仕事は拘束時間が長くて、週に二、三回は夜の会議もあります。任期以降は、もう少し自由な働き方がしたいなとも思っています。

日中、地域にいるのは主にシニア世代です。**これから、子ども、地域、家を守るのは、シニア世代の仕事じゃないかと思っています。**それぞれの家庭内だけでなく、**地域のシニア世代が地域をサポートするしくみができたらいいなぁと願っています。**

死ぬまでにやり残したことがないように、やってみたいと思うことは、とりあえず全部挑戦しようと思っているんです。

元自衛官の経験も活かし、災害支援・防災ボランティアの仕事に奮闘

藤澤健児さん［54歳］

航空機を使って社会貢献をするNPO法人ANGEL WINGSを設立した元自衛官の藤澤さん。防災・災害支援活動に取り組み、直面した目の前の課題に真摯に対応していくうちに、どんどん活動の幅が広がっていきました。

PROFILE

ふじさわけんじ●大分県出身。防衛大学校卒業。元海上自衛隊ヘリコプター操縦士。NPO法人ANGEL WINGS理事長、一般社団法人九州防災パートナーズ代表理事。福岡県災害ボランティア連絡会監事、福岡学生災害支援実行委員会代表、ふくおか学生熊本地震支援実行委員会代表、北九州市みんなde Bousai まちづくり懇話会副座長。

自衛隊勤務から今までどんな仕事をされましたか？

子どもの頃から飛行機に憧れていて、パイロットになりたいと思い、防衛大学校に入学し、卒業後は海上自衛隊のヘリコプターのパイロットとして、長崎や青森に勤務しました。阪神淡路大震災にも出動しましたし、長崎は離島が多かったので、急患輸送の出動も多く経験してきました。

その後、体調を崩したことや、家庭の事情も重なり、33歳のときに退職しました。退職後は、しばらく義理の父の会社で働きながら、興味があった法律の勉強をして行政書士の資格を取り、２００３年に事務所を開業しました。さらに勉強を続け、司法書士や弁護士などの資格を取ろうと思っていたのですが、仕事が忙しくなり勉強を続けることを断念しました。**現在は、災害支援の仕事のウエイトが大きくなり、行政書士の仕事はかなりスタッフに任せている状態です。**

航空機を使った災害支援活動を始めたきっかけは？

災害支援の活動を始めたきっかけは、自衛隊を退職した操縦士の資格を持つ仲間や、セスナ機のオーナーの友人など10人ほどの有志で、２００６年、航空機を用いた社会貢献活動をするＮＰＯ法人ＡＮＧＥＬ ＷＩＮＧＳを設立したことでした。災害支援も活動の一つで、東日本大震災のときには、市民の方々に声をかけて歯ブラシを提供してもらい、何千本もの歯ブラシを避難所に届けました。

また、福岡県の事業の災害ボランティアセンターのコーディネーター養成研修にも関わっ

仕事メモ

- 勤務日数：365日
- 勤務時間：終日（夜の会議も多い）
- 収　　入：450万円（防災関係）

ていて、東日本大震災のときには岩手県内のボランティアセンターでさまざまなサポートをするなど、被災地の災害支援活動を行うようになりました。活動の幅が広がってきたこともあり、航空機を使わない災害支援の団体、一般社団法人九州防災パートナーズを設立。こちらも私が代表に就任し、災害支援と防災研修会や講演会の講師の仕事を中心に活動しています。

——現在の活動について教えてください。

行政と協働して、地域住民主体の防災・減災活動を実施しています。特に住民主体の避難計画、避難所運営の実施を重点的に支援しています。現在北九州市では、各小学校区ごとに、住民主体の地区防災計画づくりに取り組んでおり、130以上ある校区でそれぞれ5回ずつワークショップを行っています。**地域の集まりは平日の夜、研修は土日に多く、年間100回ほどの講演もあり、毎日走り回っています。**

2017年の九州北部豪雨災害においては、JVOAD(全国災害ボランティア支援団体ネットワーク)と連携して、情報共有会議を主催し、被災地における民間支援の総合的な調整を行いました。2017年はほとんど被災地の朝倉市に常駐し、現在も1週間に何日かは現地にいます。同じ年に、福岡学生災害支援実行委員会を設立し、学生災害ボランティアの無料宿泊施設を運営するなど、大学生ボランティアが活動しやすい環境整備もしています。そこは、泥出しなどの作業が終わった後に、被災された方たちにはどんな生活課題が残るのか、大学生としてどういう支援ができるか、という深いところまで話し合う教育

2011年3月27日、北九州空港から花巻空港に歯ブラシを空輸した。

的な場となっています。**今までいろいろな現場をたくさん見てきたので、困っているところや課題が見えてくるんです。**そこをなんとかしたいと思って一生懸命やっていたら、ちょっとやりすぎて、朝から晩まで24時間コンビニ営業みたいな感じになってしまいました。時間管理をなんとか改善していきたいと思っています。

――地元との関わりも大切にされているのですね。

自衛隊にいたときは転勤も多く、自治会など地域の組織に関わったことがありませんでした。でも、それでは地域の支援は難しい。ＰＴＡ会長となりはじめて地域との関わりを経験しました。現在も地元の中学校のＰＴＡで顧問をしていて、年に1回、小・中学校が連携して地域を巻き込んだ防災訓練を行っています。学校の協力も得て、中学生が小学生にいろんなことを教えたり、小中学生と地区の人が一緒に校区内を歩いて危ない場所を確認するなど、地域をあげて子どもたちを核とした防災に取り組んでいます。**災害は、どんな人にも降りかかる可能性のある共通の課題。民間と役所が一緒になって、みんなで立ち向かわないといけない。**その考え方を身近な地域から変えていくのが、一番の課題です。

災害現場において、何か大事なことを決めないといけないという局面で対立したりもめたりしているとき、間に立って調整をするのはとても大変です。でも、被災された方やお世話をしている人たちに感謝されたときは、やっていてよかったと思います。全国の先進的な取り組みをしている人たちと議論をしながら、それぞれの現場をしっかり見て、これからも健康第一で活動を続けていきたいと思っています。

災害ボランティア活動中の藤澤さん。

好きだった歴史の勉強を深め 京都や奈良で観光ガイド

櫻井勉さん［71歳］

京都という土地で、観光というキーワードで、世の中のお手伝いをしたい。
観光ガイド養成講座を受講し、講座終了後、受講生でグループを結成。
単なる案内ではなく、京都のおもてなしの心を伝える
シニア観光ガイドとして活動しています。

PROFILE

さくらいつとむ●京都府出身。コーヒー会社を定年退職後、さまざまな歴史や文化の勉強会に参加。京都・奈良において、観光ガイドを始める。現在、KWS京都ウェルカムサポーター会代表。

――観光ガイドになられたきっかけを教えてください。

60歳で定年退職した後は、ちょっとゆっくりしたいと思っていて、あまり働くことは考えませんでした。でも、時間を持て余してしまい、すごく退屈だったんです。そこで、京都市やその外郭団体でパートで働いていました。

子どもの頃から好きだった歴史の勉強も、定年後に本格的に始めました。神社やお寺に行くことが、学生時代から好きだったんです。あちこちの講演・講座に出かけ、専門の先生方の話を聞きました。図書館で本も読みました。歴史については詳しいつもりでいましたが、知れば知るほど奥の深さを感じて、ますます魅せられました。ボランティアガイドの会などの勉強会にも参加し、**ご縁があって61歳の頃から不定期でボランティアガイドを始めました。勉強の集大成、発表の場だという思いでした。**観光ガイドに特に必要な資格はありませんが、京都にはさまざまなガイド団体があるので、それらに所属して研修を受け、そこから派遣されてガイドをする方が多いです。私は、フリーのほうが気楽だと思ったので、歴史の勉強会や旅行会社、ホテルなどから、個人的なつながりで声をかけていただいたときに、京都や奈良でガイドをするという形をとっていました。

――ガイドの勉強をどのようにしてされましたか？

フリーのガイドとして不定期で活動しながら、さらに勉強したいと思い、２０１７年、京都府元気シニア活躍協議会主催、公益財団法人京都ＳＫＹセンターが講座を担当する「京都ウェルカムサポーター養成講座」の１期生に応募しました。京都を訪れる観光客に

仕事メモ

- ★ 勤務日数：不定期
- 勤務時間：1日、半日、数時間
- ¥ 収　　入：無償〜有償（1時間1000〜8000円）

「京都のおもてなしの心」や「充実した京都観光」を体感してもらえるよう、自身の持てるスキルをさらに磨き、生涯現役として京都観光の分野で地域貢献活動をしたいと考えている60歳以上の人、というのが応募条件だったんです。講座は月2回。午前中は座学、午後は神社やお寺で現地研修でした。講師の先生の多角的な視点のお話がとても勉強になりました。6か月の講座終了後、修了生で自主的に「KWS京都ウェルカムサポーター会」を立ち上げ、代表になりました。期間限定京都非公開文化財特別公開の定点ガイドもさせていただきました。まだ発足したばかりですが、勉強を重ね社会のお役に立てる会にしていきたいと思っています。営利団体ではないので、無償のガイドも有償のガイドもします。京都に観光に来られるお客様の草の根的なサポートをしていけたらと思っています。そのために常に大切になるのは、スキルの向上です。これからも勉強は欠かせません。

――現在はどんなガイドをされていますか?

1日コースや半日コース、観光バスのアテンドなどいろいろなコースがあります。1日2万歩ほど歩くこともあります。ガイドは、寺社などの案内だけでなく、交通機関、お勧めのお土産や食事をするお店の情報など、トータルで知っておかなければなりません。一般の方は、京都や歴史についてとても詳しい方も多いので、目的地の神社や寺院、施設について、いかに中身の充実したアテンド、ガイドをするかということに気を遣います。その分お客様とのコミュニケーションも楽しいです。

修学旅行生のグループ行動のガイドも大変です。生徒さんを安全に出発から帰りの宿舎

観光客を案内する櫻井さん。

まで送り届けるのが第一の目的となります。生徒さんが事前につくった行程表に基づいて動くのですが、かなり無理があるコースも多く、行程スケジュールの時間管理が大変です。行程表が届いたら、必ず事前に下見をして、大体の自分の体感タイムを確認します。観光シーズンは交通渋滞も必至。万が一目的のバスに乗れなかった場合はどうするかなど、いろいろな事態を想定しておく必要があります。道中の怪我や迷子も心配です。数人から多いときは40人を一度に案内することもありますが、人数が多いとき、特に雨降りは大変です。**修学旅行生からご高齢の方まで、それぞれの年齢層に合わせ、お客様が求めていることにできるだけ応えられるよう機転をきかすことが求められます。**

――仕事に対して心がけていることを教えてください。

ガイド以外に、週に2～3日京都御所の中で監視業務の仕事をしています。観光で外側から見るのではなく、仕事として内側に入ることでわかる部分もあって、とても勉強になります。ガイドの仕事にも活かせると思って、働いています。

私たちが目指しているガイドは単なる案内ではなく、おもてなしです。京都を訪れた人が観光地を回って、ただ「きれいだったな」で終わるのではなく、そこにプラスアルファの満足感を味わって、2倍3倍楽しんでいただくお手伝いをしたいと思っているんです。ガイドの仕事でいろいろなところに行けるのは楽しいですし、いろいろなことをしゃべらせてもらえるのも楽しいです。体が資本の仕事なので、日頃から健康管理、体のケアには気をつけています。これからも、体が動く限り、続けていきたいです。

アジアの子どもに教育支援を行うNGOでフェアトレードの予算管理

岡本喜代一さん［67歳］

西陣織職人の家業に反発するように「外の世界」に憧れ、時代の風に乗り、やりたいことを求めてエネルギッシュに会社を渡り歩いてきた岡本さん。還暦を過ぎて、たどり着いたのは、手作業品のフェアトレード事業などでアジアの子どもたちに教育支援を行うNGOの仕事でした。

PROFILE

おかもときよかず●京都市出身。62歳のときに公益社団法人シャンティ国際ボランティア会に嘱託契約社員として入職。現在は同会の東京事務所でクラフトエイド課長を務めている。

――これまで、どんなお仕事をされてきましたか？

京都・西陣の職人の家に生まれ、父親が家にこもって手機《てばた》でコツコツと西陣織の帯を織る姿を見て育ちました。若い頃はそれに反発したいという気持ちがあったんでしょうね。「そやけど、俺は広い外の世界に出たい」と思っていました。

大学卒業後、貿易関係の仕事がやりたくて三菱商事に入社し、30代で駐在員としてインドのニューデリーに派遣されました。そして、そこで出会った西武百貨店の方と意気投合し、日本とインドの交流をテーマに互いの国で大規模なフェアを開催することになったんです。展示即売会用にさまざまなインド産品を調達して日本に送りつつ、現地の人と組んでインドシルクのパジャマやショール、マフラー、銀製のカトラリーのセットなどの商品開発もしました。

やはり生まれ育った環境というか、DNAでしょうね。そこで手づくりのものや雑貨への興味に一気に火が付いてしまったんです。

1990年頃、駐在員の5年の任期が満了して帰国するタイミングで西武百貨店に転職しました。配属は趣味雑貨部。できたばかりのシブヤ西武ロフト館でフロアマネジャーを任されました。ロフトの第一号店です。当時は、バブルがはじけるなんて思ってもいない頃。百貨店文化や雑貨文化が花開いた一番おもしろいとき、「こだわり」と「感性」の時代でした。

5年ほどして、商社出身ということで外商部に異動になり、それを機に転職しました。「自分はこういう経歴だからこれを武器にすべき」なんて考えたことがないんです。それよ

仕事メモ

- 勤務日数：週4日
- 勤務時間：9:30〜18:30
- 勤務形態：嘱託契約社員

■公益社団法人シャンティ国際ボランティア会
アジアで子どもたちの教育支援や緊急救援を行うNGO。6か国7地域で、図書館活動や学校教育支援などを通じ、本を読む機会を届け、人を育て、学べる場づくりに取り組んでいる。
http://www.sva.or.jp

りも、そのときの自分の心に正直に向き合うことが大事。本当の自分の強みというのは、自分の好きなことだと思うから。

その後、コンビニ会社、薬品会社、人材派遣会社などに勤務しました。還暦後はＪＥＴＲＯ（日本貿易振興機構）でアドバイザーとして外国企業の日本進出を支援する仕事に１～２年携わりました。

定年後に備えて準備したり、資格取得の勉強をしたり、ということは僕にはありませんでした。そういう意味では、まだ定年がきてないのかもしれません。

――現在の仕事に就いたきっかけ、仕事内容について教えてください。

ＪＥＴＲＯを辞めたのは62歳のとき。その頃になると、歳も歳ですから「うちに来いよ」というツテもなくなってくるわけです。**職探しのためにハローワークに行き、そこで出合ったのがアジアの子どもたちへの教育支援を行っているシャンティ（公益社団法人シャンティ国際ボランティア会）の仕事でした。**シャンティは学校建設や図書館活動を行うＮＧＯで、活動の一環として、刺しゅうや織など地域に伝わる手仕事の技術を活かしたフェアトレード事業や、絵本を届ける運動などに取り組んでいます。アジア、雑貨、本や教育、そして「共に生き、共に学ぶ」という理念。この４つの点が線になり、その〝ワクワク感〟で働いてみたいと思いました。

再就職に際して心がけたことは「全てを是とする」ということです。具体的には、過去の成功体験を言わないこと、その組織が歩んできた過去のストーリーを尊重すること、そ

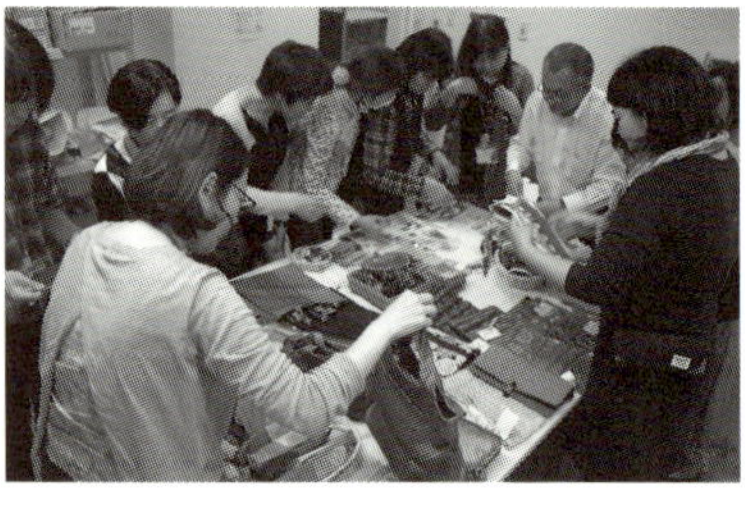

福祉関係の施設で、フェアトレードの手工芸品を販売する岡本さん。

して、これまでの自分の物差しで人や物事を判断しないことです。

シャンティのフェアトレード事業「クラフトエイド」での僕の主な仕事は、予算立案などの金勘定です。クラフトエイドは、実店舗がありません。ネットショップ運営やSNSでの情報発信は若いスタッフに任せています。**僕がやるのは昔ながらの足で稼ぐ営業です。こういう泥臭いことは僕のほうがうまい。**シャンティは1981年に曹洞宗ボランティア会としてできた組織なので、営業では、昔からの支援者がいる全国のお寺を中心に企業や福祉団体なども回ります。

イベント会場のブースで物販をすることもあります。僕はオフィスで座っているより販売に出かけるほうが好きなんです。一人で行くときも多いですよ。つり銭を用意して、会場でテーブルを借りて、商品を陳列して。地道な作業ですが、「この商品、気に入ってます」といったお客さんの何気ない言葉に、活動の成果を感じます。

――今後やってみたいことはありますか？

70代になったら自分流の事業をやってみたい。今考えているのが、京都を仕入れて売る仕事。いわゆる観光ではなくて京都文化をビジネスにするんです。京都人の僕からすると、京都はどうでもええウンチクこそがおもしろい。実は数年前から、僕の交通費と宿代の実費だけいただいて、個人ボランティアで京都文化案内をやっています。外の世界に憧れて京都を飛び出したのに、結局、懐かしいにおいに導かれて京都に戻ってきてしまう。鮭が生まれ故郷の川で産卵するみたいなもんでしょうか。

物流会社社員から45歳でタクシー運転手に「東京観光タクシー」乗務員として活躍中

東條辰雄さん［55歳］

2人の子どもたちが就職するのを待って、45歳で物流会社から転職し、タクシー乗務員となった東條さん。

50歳のときには「観光タクシー」乗務員に選ばれました。大怪我を乗り越え、現在は、新人教育や新サービスの開発など幅広い仕事にも携わっています。

PROFILE

とうじょうたつお●東京都出身。45歳で物流会社から日本交通株式会社に転職。50歳で、同社の選抜乗務員「エキスパート・ドライバー」となり、「観光タクシー」乗務員としても活躍中。現在は千葉在住。

――転職のいきさつを教えてください。

24歳で物流関係の会社に就職し、その後20年ほど宅配業務の管理者やドライバーの仕事をしていました。とにかく休みが取れず、繁忙期は月に1回しか休めないこともざらでした。家族と過ごす時間もほとんどなく、子どもが小さいときは顔も覚えてもらえなかったほどです。ただ、昔は、仕事はハードでもお金はよかったんですね。働けば働いた分だけ稼ぐことができた。それが、不景気で残業代もカットされるようになって。**2人の子どもが就職して手がかからなくなったら転職しよう、という心づもりをしていました。**

福利厚生がしっかりしていて、かつ、やりがいのある仕事を探す中で出合ったのが、日本交通のタクシー乗務員の仕事です。当時、45歳。面接では、とにかくこれまで真面目に働いてきたこと、そして自分の気持ちを飾らず正直に話しました。

採用後は、社内の研修センターで東京の地理や接客ノウハウを教わり、会社負担で教習所に通って二種免許を取得。一か月ぐらいで、タクシー乗務員として路上に出ました。

――タクシー乗務員の仕事で心がけていることは?

運転というのは上手い下手ではなく、反射神経や判断力なんです。仕事を早く終わらせることよりも、落ち着いて安全運転をすることが結局は一番なんだ、ということは前職で身に染みていました。加えて、タクシー乗務員はお客様を運ぶ仕事ですので、気持ちよく乗っていただけることが重要です。**安心、快適な運転には、かなり自信がありますよ。**

この仕事は、自己管理も大切です。年齢が高い場合は特にそうです。乗務時間は基本的

仕事メモ

- 勤務日数:月に11～12乗務(隔日勤務)
- 勤務時間:8:00～26:00(休憩3時間)
- 収　　入:18万2,000円+歩合給

※日本交通株式会社におけるタクシー乗務員の場合

■日本交通株式会社
東京を拠点とするタクシー、ハイヤー会社。「東京観光タクシー」のほか、介護資格・経験がある乗務員が付き添う「サポートタクシー」などのサービスもある。
http://www.nihon-kotsu.co.jp/

には8時から深夜2時頃まで。長時間にわたる勤務なので、安全運転のために必ず合計3時間の休憩を取ることが決められています。私の場合は、忙しい時間帯と暇な時間帯を見極めながら、14時ごろから2時間、そして夕食後に1時間の仮眠を取っています。

タクシー乗務員の仕事は隔日勤務なので、仕事明けの日は休日となりますが、この「明け」の日をどう過ごすかが、翌日の仕事の質に影響します。私は、仕事明けの朝に軽い睡眠を取り、目が覚めたらジムに行って、ふだん体が動かせない分、運動してカロリーを消費するようにしています。夜はしっかり睡眠を取り、翌日の勤務に備えます。

——現在の仕事のやりがいは?

親身になって対応することでお客様と心が通い合う。これはお金には代えられない喜びです。タクシー乗務の仕事は一期一会ですが、リピーターになってくださる方も。入社当初からご指名いただき、現在に至るまで親しくお付き合いしているお客様もいます。

日本交通には選抜乗務員による「東京観光タクシー」、「キッズタクシー」、「サポートタクシー」というサービスがあります。私は50歳のときに「東京シティガイド検定」を取得し、「東京観光タクシー」の乗務員となりました。観光コースはお客様の要望をもとに事前に担当乗務員が自らプランを組みますが、お客様の体調など状況によっては、その場で別のプランをご提案することもあります。お会いしたときの印象や〝つかみ〟で臨機応変に話題や走行コースを変え、車窓の景色の流れとトークのタイミングにも気を配ります。**ふだんから街ネタを仕込み、下調べや下見、練習も欠かしません。**この仕事を選んだ理由の

「東京観光タクシー」乗務員は現在、東條さんをはじめ70人。日本交通グループ約7000人のドライバーから選抜された観光のスペシャリストが揃う。

一つは東京が好きだから。ですので、私にとっては、こうしたことがとても楽しいのです。タクシー乗務員は50代が中心です。60代で活躍している人や、私のように40代で転職してきた人も多いですね。若返りを目指す動きもありますが、お客様のニーズを考えると、タクシー乗務員としての完熟期は40代以降じゃないかな、と私は考えています。

5年ほど前、休みの日に、後ろから走って来た車に轢かれて骨盤が砕けるほどの重傷を負いました。病院に運び込まれたときは、これはもうダメかもしれない、と言われていたそうです。大手術の末、1年半の入院生活を送りました。心配してお見舞いに来てくださったお客様もいて感激しました。何としてでも元の仕事に戻りたくて、つらいリハビリも気力で乗り越え、今では軽く走れるところまで回復しました。家族も驚いています。

最近は、運行管理、新人指導、そして、妊婦さんを病院まで運ぶ「陣痛タクシー」関連サービスの開発など、乗務以外の仕事にも関わっています。今後の人生設計としては、定年の65歳まで働きたい。その後は関連会社などで、**シルバー人材として1日1件ぐらいのペースで観光タクシー乗務員ができたら理想的ですね。**

――プライベートのお話も伺えますか？

20代から始めた波乗りは今も続けています。釣りも好きです。自然の中にいると心が落ち着くんです。2人の子どももそれぞれ所帯を持ち、かわいい初孫も生まれました。今は、かみさんと二人暮らし。将来は自然豊かな場所に格安の中古マンションを買って現在の家と行き来するように暮らす、そんなライフスタイルもいいな、なんて考えています。

退職金をつぎ込んだワインづくり 第二の人生失敗を恐れることはなし

本間真理子さん［62歳］

「ワイン発祥の地」と言われるジョージア（グルジア）で
日本人として初めてブドウ畑を購入し、オーナーとなった本間さん。
退職金をつぎ込んでの思い切った決断でした。
天候不順や資金不足など汗と涙の経営者修業を重ねながら、
自社の畑で生産される最高品質のブドウで本物のワインづくりを続けています。

PROFILE

ほんままりこ●東京都出身。一ツ橋スクールオブビズネス卒業。国際NGOジョイセフで30年間、発展途上国の母子の健康推進活動に従事。2011年にジョージアで畑を購入し、翌年にワイン輸入販売会社設立。

──今までどんな仕事をされてきましたか？

私はもともとジョイセフという国際協力ＮＧＯの職員として、発展途上国の母子の健康推進活動の仕事を30年間していました。やりがいのある仕事でしたが、２０１１年の東日本大震災で、被災された女性や乳幼児の緊急支援に関わったことが大きな転機になりました。

東北の震災では国際協力で培ってきたノウハウや経験を活かして、女性、妊産婦、赤ちゃんへの緊急物資支援をしました。マタニティ用品、生理用品、紙おむつ、離乳食、化粧品、洗髪用品などのパーソナルキットを、国連人口基金の支援を受け５０００セット、女性一人ずつに配布しました。この事業の後、個人で夏以降もずっと支援を続けているうちに、被災された人たちにもっと寄り添いたいと思い、退職を決心しました。

──ワインづくりに飛び込むことになったきっかけは？

災害支援をしているとき、たまたま同僚を通じて共同経営者を探しているジョージアの起業家を紹介されたんです。ワイナリーのオーナーになれば、ワインを売って復興支援ができる、復興を応援する方法が見つかったと思いました。よく思い切りましたね、と言われるのですが、直感で何かピンときました。第二の人生だし、失敗を恐れることはないのですから。

共同経営者として、退職金１６００万円で24ヘクタールのワイン畑を購入しました。この畑は農薬や化学肥料を使ったことがなく、国が認定する最高品質の土壌でした。２０１２年２月にジョージアの首都トビリシから車で３時間半の畑を見に行き、「行けども行けども

仕事メモ

- 勤務日数：経営者なので、自分の裁量
- 勤務時間：ここ半年余りは毎月ジョージアに出張

■H&N WINE JAPAN
https://hnwinejapan.com/company.html

自分たちの畑」と感動しました。

――ワインづくりを続ける苦労がいろいろあったと思いますが？

私が購入したのは畑で、肝心な醸造所がありませんでした。２０１３年、秋の収穫を目前にどうしても醸造タンクが必要で、思い切って購入することにしました。自前のタンクがなければせっかく育てたブドウも近隣の醸造所に安値で売るか、これまでのように高いお金を払って醸造してもらわなければなりません。そこで、日本で緊急キャンペーンを立ち上げて、タンク３基を購入する資金３２５万円を調達しました。**実績のない会社に金融機関はお金を貸してくれませんから、クラウドファンディングを使いました。**２０１５年には、最後の収穫を前に資金が底をつき「オジャレシ葡萄救出キャンペーン」を展開。一晩で１５０万円を集め、無事収穫ができました。日本のみなさまの応援がなければ実ったブドウは全て鳥たちに食べられてしまったことでしょう。２０１５年につくられた全てのワインの裏ラベルには、このときの応援に感謝するメッセージが記されています。

ワインづくりを始めて6年。これだけ続いたのは、ワインを飲んだ方が本物のワインのおいしさを感じてくれるからだし、ジョージアの人たちが「真理子と働くのは楽しい」と言って協力を惜しまないからこそだと思っています。今心配なのは、国の補助金でジョージアの人たちが農薬を買って、オーガニックをやめてしまうこと。無農薬栽培を続けることの意味を伝える啓発活動の必要性を感じます。

カメを地中に埋めてワインを醸造する伝統的な製法「クヴェブリ」2013年にユネスコの無形文化遺産に登録された。

――グルジアワインは、どんな特徴があるんですか？

ひとことで言えば「ナチュラル」。無農薬の畑で育つブドウは元気で、その個性を楽しむのがグルジアスタイルです。ジョージアは、１９９１年まで旧ソ連の一国でした。ロシアでグルジアワインと言えば、最高のおもてなしだったので、生産されたワインはほぼ全て政府が買い上げ一般の市場に出回ることがなかったのです。それがソ連崩壊後、自主流通されるようになり、国際市場に出てくるようになりました。

――これからどんな働き方をしたいですか？

自分の役割をきちんと認識して、若い人の邪魔をしないようにしたい。商品を扱う仕事はなかなか自分の思い通りにはいきません。精神や体調に悪い影響が出ないように働くとは大前提ですが、ある程度忙しいほうがいいと私は思っています。今後はしっかり利益を出して、社会貢献をしたいです。復興支援がきっかけで始めたワインづくりですが、資金面で本当に苦しかったのに、無理して１２００本のワインを寄付したこともありました。しかしこれは経営者としての判断では失格だと気が付きました。継続できる身の丈サイズの支援に切り替え、思いを途切らせないことが大切です。

最初はたくさんつくって、たくさん売ってお金を稼ごうと思いましたが、今は年間３０００本でいいので、**誰にも負けない最高のワインを、その価値のわかる方に届けたい。**そのほうが利益率も高いのです。私のワインなら間違いないと安心して飲んでもらえるワインをつくり続けたいです。

主力商品のクヴェブリワイン。

収穫された自社の畑のブドウ。息子（中央）は最大の支援者であり応援者。

早期退職後、カレー店を開業して14年 オリジナルカレーで人気店に

和田茂さん［70歳］

和田さんはカレー好き。昔からいろいろ食べ歩いていました。
大手IT企業を早期退職。カレーづくりにのめり込み、
ビジネス街にカレー屋を開店。
自らつくり上げたこだわりのカレーで勝負しています。

PROFILE

わだしげる●東京都出身。学習院大学卒業後、日本アイ・ビー・エム株式会社に入社。営業職などで活躍。53歳で早期退職し、都心のオフィス街にカレー店を開業。

――なぜカレー屋を始めようと思ったのですか？

大学卒業後日本アイ・ビー・エムに就職し、営業系の仕事をしましたが、53歳で早期退職しました。最後の頃は人員整理の部署で、いずれは我が身だと感じながら働いていました。私は世の中をヒラメのようにうまく立ち回って生きていける人間じゃないので、行く先があるうちに会社を辞めようと思ったのです。転職した会社は8か月で辞め、再び転職した会社には3年いましたが、契約更改があり、考えた上で退職しました。

それでなぜカレー屋になったかと言いますと、昔からカレーを食べるのが好きで、会社員時代もカレーを食べ歩いていました。ところが、年を取るにつれて油っぽいカレーが食べられなくなってきたのです。私は高血圧なので、自分の健康状態も考えて、塩分控えめの独自のカレーを開発しようと思いました。小麦粉やルー、カレー粉を使わず、油は極力なくすことがメニュー開発の方針でした。

インターネットなどで調べて、他の店のカレーと違う味を追求し、自宅で試作を開始。次第に家族に匂いがつくと嫌がられたので、庭で試作していました。そうしてできたのが、たくさんのタマネギを炒めて、19種類のスパイスを加えた、塩分2グラムのカレーです。ものは試しで、仕事上で付き合いがあったインドの人に試食してもらったところ、おいしそうに食べてくれて、それが自信になりました。

退職後は、家にこもるか、どこかまた別の会社に働きに行くか、カレー屋をやるかの三択でした。家に毎日いたら、酒好きなので大丈夫かという心配が頭をよぎったので、まあ失敗するかもしれないけれどやってみるかと決断しました。家族会議はしなかったです。

仕事メモ

- 勤務日数：週5日（月～金）
- 勤務時間：10:00～18:00
- 収　　入：お客さんの入りによる

■カリーシュダ
東京都中央区新川 1-9-9
TEL：03-5541-3188
営業時間11:30～13:30 土、日、祝日休

――開店して14年で変化はありましたか？

このようなカレーが、カレー屋として認知されるかどうかはわかりませんでしたが、幸運なことに開店して早い時期に来店した新聞記者が、専門家や評論家に紹介してくれて、なんとかここまで来られたのかなあと思います。

現在、営業はランチタイムの2時間です。以前は夜も店を開けていましたが、夜の営業を終えて翌日の準備をしてから家に帰ると、寝るのが0時を回ってしまいます。そしてまた10時頃には店に出ています。夜やれば確かにもっと儲かりますが、私も70歳になったので、自分がぶっ倒れてしまいます。働き方改革の影響もあって残業する人が減り、夜のお客さんが少なくなったことも、ランチのみの営業にした一因です。一昨年、体調を崩して入院し、店を1か月ほど休業しました。**現在の自分の体力を考えて働こうと考えました。**

お客さんは、会社員が多いですね。3割くらいは遠くから食べに来てくれているのではないかと思われます。こちらから聞いたりしないのですが。一番遠くからのリピーターはイギリス在住の日本人で、毎年帰国すると必ず食べに来てくれます。日本のテレビの海外向け放送で見たそうです。この仕事を続けるやりがいは、やはりたくさんのお客さんにおいしいと言ってもらえることです。

――お店を続けていくために大切にしていることは何ですか？

開業を決意してから自宅近くや元の会社の近くで物件を探しましたが、カレー屋は匂いが強いからとなかなか貸してもらえず、なんとかここが見つかりました。焼肉、焼き鳥、

カレーの定番チキンカレーは、もも肉を使用。ルーの甘味を十分楽しんだ後からくる辛さが最高です。

鰻屋などは、不動産屋では「重飲食」と言われていて、嫌がられるのです。

開業するにあたり、一番の問題はいくら金がかかるかでした。私の場合、退職金は全部企業年金として受け取ることにして、早期退職金のうちの300万だけを捨て金だと考えて、店に投資しようと思いました。その中から敷金・礼金、電気関係など開業のための設備を整えました。**大赤字を出したら、すぐに店はつぶそうと考えていました。**

1か月数万円の赤字だったら、年金というベースがあるので、なんとかリカバリーができます。夜の営業をやめたので、現在経営はほとんどトントンの状態です。**月によっては、少しの赤字を出すこともありますが、年金があるので、なんとかなります。**コストの高いカレーですので、人件費をかけずにがんばることにしました。食器洗いの手際の悪さを見かねて、妻が毎日手伝ってくれるようになりました。夫婦二人で切り盛りしているので、うまくいったのだと思います。

お店を始めたいと考えている方たちに言いたいのは、開業の一番の問題は給料だということです。自分は給料がもらえなくてもという考え方でやらないと長続きしません。自営業では雇っている人に給料を出すことは、自分の手足を食べているようなものです。手足を食べるスピードをなるべく抑えないと、資金はすぐになくなります。この近隣でも開店して数年でやめてしまう店が多いです。

ブラック企業のように長時間働くのではなくて、自分の体がもつように働く時間を自分で調整できるところが、自営業のよいところです。これからも体力の続く限り、続けていこうと思っています。

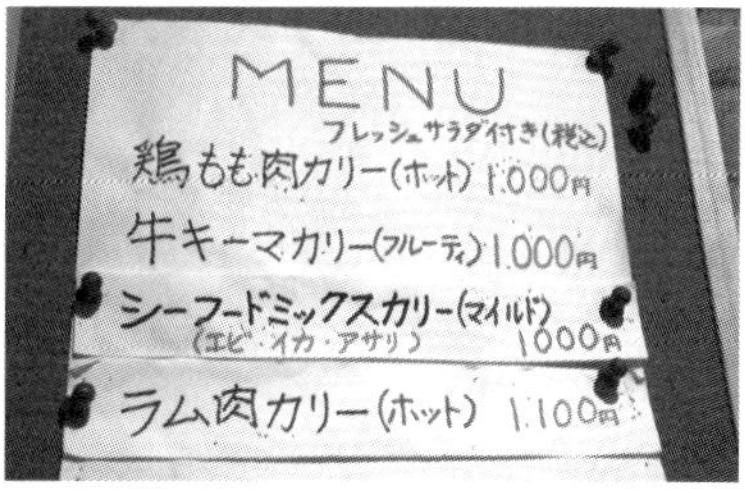

カリーシュダのこだわりメニュー。

週末はキッチンカーで明太子フランスパンを福岡各地で販売

池田弘道さん［64歳］

福岡県福智町に住む池田弘道さんは60歳からキッチンカーを始めました。
今では週末、福岡県各地のイベント会場に
トヨタクイックデリバリーという車で出かけて、
明太子フランスパン、コーヒー、健康飲料などを販売しています。

PROFILE

いけだひろみち●福岡県福智町出身。久留米大学を卒業後、農協、ベルトコンベアメーカーに勤める。50歳で独立、60歳でキッチンカーを始める。

――今までどんな仕事をされてきましたか？

地元久留米市の大学を卒業して農協に14年勤めた後、直方《のおがた》市のベルトコンベアメーカーで営業・総務の仕事を12年間しました。会社が民事再生法の適用を受けたのが50歳のときでした。会社を辞めることになり、それまで趣味だったガラスエッチングを仕事にすることができるのではないかと考えました。子どもはすでに社会人になっていて、妻は地元の酢メーカーに勤めていましたし、**以前から独立したいと思っていたので、自分の好きなことをやりたいという気持ちが強くなりました。**

ガラスエッチングとは、もとはさび落としの技術として始まったサンドブラスト、砂を細いノズルから噴出させてその力でガラスを削るという芸術です。ホームページをつくっていたので、それを通じてガラスエッチングでペットの写真を再現したペット位牌の発注が結構入っていたのです。陶板にサンドブラストで文字を刻み、表札をつくる仕事も注文が来ました。著名な有田焼の窯元からの仕事で、材料は高いものの表札に彫る技術料は安く、割のいい仕事とはいえませんが、これは今でも続けています。自宅の車庫（8帖）をアトリエに改装し、依頼者との打ち合わせにも使えるようにしました。

――キッチンカーを始めたきっかけは？

そのうち定年を迎える妻と一緒にやれることを模索した結果、キッチンカーに行きつきました。店舗も考えたのですが、資金が土地代だけで８００万円もかかるので無理。キッチンカーならいろんなところに移動していけるし、いろんな人とも会話ができます。それ

仕事メモ

- ★ 勤務日数：週末など月10日ほど
- 勤務形態：そのときによる
- ¥ 収　　入：1回3万円ほどの売り上げ

まで私は、料理をやったことがなかったのですが、妻は料理が得意でしたので、二人で始めました。メニューはシンプル。明太子フランスパンとコーヒーが基本です。こだわりのあるパン屋のフランスパンがおいしいのでこれを使ってやろうという発想になりました。

ケータリングカー製作会社が近くの遠賀《おんが》町にあり、ここに全て依頼してキッチンカーを製作しました。妻が還暦の年に始めたので、キッチンカーのロゴも「age60」です。

——キッチンカーの仕事で儲けを出すのは大変ですか？

ケータリングカー製作会社がいろいろ面倒を見てくれました。出店者仲間で助け合い、出店することが多いです。営業は、休日を中心に月10日ほどです。1回3万円ほどの売り上げがありますが、仕入れもあるので、これでは商売が成り立ちません。年金があるので、なんとか暮らしていけます。

２０１７年5月、共にキッチンカーを支えてきた妻を亡くしました。生活は厳しくなりましたが、今は福岡県各地のイベントで若い人との出会いを楽しんでいます。商店会振興組合などから依頼され、空き店舗で悩む町に出かけて、出店することもあります。キッチンカーの仕事で心がけていることは、各出店者とのつながりを持ち続け、イベント以外のときでも連絡を取り合うことです。また食中毒などの事故は特に気を付けています。

これからキッチンカーをやってみたい方へ。キッチンカーの営業許可はありませんが、一般の店とほぼ同じで、設備の条件が整っているか地域の保健所の許可が必要です。また食品衛生士としての講習があり、履修することが必要です。

明太子フランスパン（左）。
元気な頃の奥様と（右）。

――1回の売り上げの内訳はだいたいどのようなものですか？

季節にもよりまちまちです。夏場はソフトクリームがよく売れて売り上げの3分の1を占めるほどです。その他の季節は基本明太子フランスパン。これも3種類あって一番シンプルなフランスパンに明太子とチーズを塗ったもの（500円）が一番出ます。10～15本くらい。そのほか、それに白アンコを付けたもの（550円）、ソーセージを挟んだホットドッグタイプがそれぞれ数本という感じです。パンが売り上げの3分の1、残り3分の2が飲み物、コーヒー（400円）と健康ドリンク（350円）です。あくまでも概数です。

――お客さんとのやりとりで印象に残っていることはありますか？

たまにお客さんから「次は自分のやるイベントに来てほしい」と言われることです。**お客さんのフェイスブックで見つけたことがきっかけで、今度、盲導犬のイベントに出店することになったことです。**25～26年前から視覚障害を持つ人はどのように音楽をつくっているのかと考えたことから、そういう人たちの役に立ちたいなと思っていたのでうれしかったです。

――毎年やっているイベントに出店しているなら顔なじみのお客さんもいますか？

亡くなった嫁が手づくりで出していた紫蘇ジュースが気に入って毎年福岡市内から来てくれた人がいました。そのように**顔なじみのお客さんもいますよ。それが一番の楽しみです。**

ガラスエッチングの仕事はホームページから注文が入ることが多い。

江戸時代から続いた実家の漢方薬局をカフェ&ギャラリーに

大澤十糸さん［63歳］

築90年の実家の片付けをしていたとき、
歴史や思いのこもったこの場所を活かしたいという思いが
あふれてきたという大澤さん。長年勤めた幼稚園を退職し、
「こころと身体にいい暮らし」にこだわり、人がつながる場づくりを始めました。

PROFILE

おおざわとし●奈良県出身。公立幼稚園に38年間勤務。定年まであと2年を残して園長職を退職。その後、漢方薬局だった実家をリノベーションし、人と人がつながる場・カフェ&ギャラリー轉害坊をオープン。

実家を残そうと考えたきっかけは？

公立幼稚園で38年間幼児教育に携わりました。定年まであと2年少しというときに、「今が辞めるときかもしれない」と感じることが重なり、退職を決意しました。退職前はとにかく忙しく、仕事が終わって家に帰ると倒れ込むように寝て、深夜に起きてまた仕事をするというような毎日でした。

そんなときに父が亡くなり、２００年以上続いた漢方薬局だった実家を片付けることになりました。江戸時代からの薬に関する記録や、大切に使われてきた貴重な道具類などがたくさん出てきて、「これは捨てられない」という思いがあふれてきたんです。この場所が、昔から人々の健康や暮らしを見守ってきた、ほっとできる場所であったことにも改めて気づきました。「これからも、ここを人と人がつながるような場所にしなさい」とご先様に言われているような気がしたんです。幼稚園で仕事をしていたときも、「心豊かに」ということを大切なテーマにしていましたが、「この場所でも人の心を豊かにするような何かができないだろうか」と思ったことが、始まりでした。

お店を始めるにあたってどんなことをされましたか？

最初から自分でカフェをしたいと思っていたわけではなく、文化教室として場所を貸せば私自身もいろいろなことが学べるかな、なんて安易に考えていました。そんなとき、偶然奈良県が開催していた「魅力あるお店づくりセミナー」のことを知り、軽い気持ちで参加してみたのです。そこでさまざまな出会いがあり、自分がどんなことをしたいのかとい

仕事メモ

- 勤務日数：週３日（金・土・日）
- 勤務時間：10:00～12:00、13:00～17:00
- 収　　入：まだ収入といえるほどのものはなし

■カフェ&ギャラリー轉害坊
奈良市今在家町40
TEL：080-4022-6010
http://tengaibou.main.jp

うことを掘り下げて考えるうちに、心が固まっていきました。

それからは、お店巡りをしたり、コーヒーの勉強を始めたりしました。いくつもの教室を回り、最後に江戸時代に薬草唐茶として伝わった高品質の煎りたてコーヒーと出合って、「これだ！」と思えてからは突き進みました。今までとは畑違いの仕事なので、何をどうしたらいいか見当もつかないことだらけでしたが、退職後2年半の準備期間を経て、カフェ&ギャラリー轉害坊《てんがいぼう》をオープン。いろいろな出会いに助けられて今日に至っています。

――現在の生活について教えてください。

昔の雰囲気を大切にリノベーションした空間で、週末の3日間、カフェを営業しています。漢方薬が入っていた百味箪笥《ひゃくみだんす》や、古い道具類を店内のしつらいに取り入れ、季節に合わせて代々伝わる江戸時代の雛人形や、明治時代の五月人形を飾るなど、歴史のある空間を育てていくことを大切にしています。

カフェのメニューで一番こだわったのは、焙煎したばかりの豆のみを使用した「煎りたてコーヒー」です。予約制で焙煎教室も開いていて、家庭でも焙煎したてのおいしいコーヒーを気軽に楽しんでいただく方法をお伝えしています。コーヒーと一緒に食べていただきたいデザートは、添加物を使わずに手づくりしています。店内では、昔ながらの考えのもとにつくられた薬湯や和蝋燭《わろうそく》など、この空間に引き寄せられるように集まった雑貨などの販売もしています。また、ワークショップやセミナー、コンサートなどのイベントも、年に6～7回企画。今後も「こころと身体にいい暮らし」をテーマにしたイベントに力を

カフェ&ギャラリー轉害坊の外観。ワークショップやセミナー、コンサートなどのイベントも企画。

入れていきたいと思っています。イベント時などはお手伝いをお願いすることもありますが、**基本は一人で営業しています。**まだ収入といえるほどのものはありませんが、お店を通してさまざまな出会いがあることが楽しく、私にとって大きな財産になっています。お客様に居心地がよいと言っていただいたり、喜んでもらえることがうれしいです。

――今後について考えていることを教えてください。

月に一回、家に残されていた古文書を読み解く会を開いています。そこから見えてきた地域の歴史や文化の魅力を、イベントを通じて発信していきたいと考えています。古文書をきっかけに、このカフェから町おこしができたらいいなぁと思っています。

子どもに関わる何かをしたいという思いもあります。子どもも大人も一緒に楽しめるコンサートや、絵本の原画展、ダンボールアートの展示会などを企画・計画中です。この場所で、子どもたちが目をキラキラと輝かせてくれたら、こんなにうれしいことはありません。カフェのメニューについても、長く使っていなかったかまどの修理をして、かまどご飯を提供することができたら素敵だなぁと、夢はいろいろふくらみ続けています。

ときどき「私はいったい何をしているんだろう。これでいいのかな」と思うこともあります。経験不足による気づきも、日々たくさんあります。悩みつつですが、無理をせず、健康である限り続けていきたいです。**これからの出会いがこれからの仕事につながると思うとワクワクします。**年齢は何かを始める上での制限にはなりません。自分次第で何歳になっても行動範囲が広げられることを実感できる毎日は、忙しくて面白いです。

■大澤さんの1週間

月～水　地域活動、実家に残されていた古文書の読み解き、孫の世話、セミナー参加、お菓子・和菓子教室など
木　お店の準備
金～日　お店の営業

職業訓練校の木工家具科で学び 山里の古民家を木工工房に

木附明政さん［62歳］

早期退職後、職業訓練校で家具づくりを学んだ木附さん。
その後、竹を材料としたバンブーギターに魅せられ、
先生についてギターづくりを学び始めました。
現在は妻の富佐子さんと一緒に工房を営みながら、人生を楽しんでいます。

PROFILE

きづきあきまさ●愛媛県出身。工業高校卒業後、ステレオメーカー、ギター講師の仕事などを経て、ローム福岡勤務。早期退職し、職業訓練校に通い、2014年、工房あふひなたを夫婦でオープン。

——退職されるまでどんな仕事をされていましたか？

工業高校の電気科を卒業後、音響ステレオメーカーに勤務しました。ギターを習い始めたことがきっかけとなり、一時期ギター教室の講師をしていたこともあります。その後結婚して九州に移り、25歳から55歳まで半導体製造メーカーのローム福岡に勤務。最終性能テスト工程技術者として、タイやフィリピンなど、海外勤務も経験しました。

55歳のとき、「会社の早期退職の制度に応じて退職しようと思う」と妻に相談しました。ちょうど子どもたちがみんな社会人になる年で、**若い頃から55歳になったら仕事を辞めて好きなことをしたい、という思いがあったんです。**妻も、第二の人生をスタートさせるにはちょうどよいのでは、と背中を押してくれたので思い切って仕事を辞め、それからは妻と二人で第二の人生を楽しもうと考えました。

——職業訓練校に行かれた経緯を教えてください。

会社を辞めたとき、まだその後の人生についての具体的な計画はありませんでした。いろいろなことに目を向けたり耳を傾けたりしていれば、自然とやりたいことが見つかると思っていたんです。退職後半年ぐらい経ったある日、町内の掃除で神社の石段を掃除していたときに、上の段を掃除していた人から、田川にある職業訓練校の木工家具科の話を聞いたんです。子どものころから物づくりが好きだったことを思い出し、「これだ」と思いました。神の声を聞いた思いでした。それまで職業訓練校についての知識は全くなかったのですが、ハローワークを通じて年に一回の入試にこぎつけました。木工家具科のある職業

作業中の木附さん。

仕事メモ

- ★ **勤務日数：週5〜6日**
- 🕒 **勤務時間：9:00〜17:00**
- ¥ **収　　入：4〜5万円**

訓練校は珍しく、九州では唯一田川の職業訓練校にあるだけです。遠方からアパートを借りて通う人もいる人気校で、競争率は3倍ほどありました。面接では、みなさん立派なことを言われるので緊張しましたが、なんとか合格。**1年間、木工や家具づくりを基礎からしっかり教えていただきました。第二の学生生活は、とても楽しいものでした。**

――バンブーギターの製作工房にも通っています。

職業訓練校を卒業後、改めてギターも習い始めました。ギターの先生に「ギターもつくってみたら？」と言われたことがあり、つくれたらいいなと漠然と思っていました。あるとき、たまたまバンブーギターの展示会に行く機会がありました。スペインのラミレス工房で学ばれた中山修先生の展示会で、竹でつくったバンブーギターの美しくて優しい音色に魅せられました。すぐに先生のギター製作教室に通い始め、現在も週2回通っています。

ギターは曲線が多く工程も多いので、家具のようにはつくれません。形ができてもそれで終わりではなく、音も聞かなくてはいけません。先生に教えを請いながら、最初は1本のギターをつくるのに1年がかりでした。現在は7本目を製作中。ギターづくりは奥が深く、何年経っても勉強だと思っています。でも、とても楽しくて大変だと思ったことはありません。いずれは自分でもバンブーギターの製作工房や製作教室を開きたいと思います。

――「工房あふひなた」をオープン、現在の生活を教えてください。

58歳のときに、**元自宅だった築100年の古民家で、妻の機織り工房と、私の木工工房**

2014年11月、築100年の古民家で「工房あふひなた」をオープン。

子ども椅子は定番の人気作品。

を開きました。工房名の「あふひなた」は、私たち夫婦と3人の子どもの名前の頭文字を並べました。光あふれる高台にあるので、あふれるひなたという意味もあります。工房には、妻の裂織り作品のバッグや洋服、私がつくる子ども椅子やテーブル、バンブーギターなどを置いています。オーダーに応じた家具づくりもしていますが、最近は専らギターづくりに力を入れています。工房をオープンするのは、第3金、土、日曜の月3日間ですが、電話をいただいた場合は随時対応します。機織り体験が人気なのですが、織りは難しいので手軽にできる方法を考え、オリジナルの簡単手織り機も開発しました。**簡単手織り機は、工房での販売はもちろん、みやこ町のふるさと納税にも出しています。**

――やりがいや今後について考えておられることを教えてください。

日当たりのよい工房は、落ち着けて心が癒されるとよく言われます。築100年の古民家なので維持は大変ですが、少しずつ手を入れて、みなさんに楽しんでいただきたいです。景色を見ながらホッとできるカフェスペースも、つくれたらいいなと思っています。

私がつくったバンブーギターを手にして、竹の音色の美しさに感動して涙を流された方や、その場でご購入いただいた方もあり、私もとても感激しました。オーダーの家具など、納期がある仕事は大変なこともありますが、ゆっくりと楽しんでやっていきたいと思っています。数年前から夫婦で四国の霊場八十八ケ所を巡っていたのですが、先日全て回り終わりました。人生100年時代、その88の数字にあやかり、88歳までは元気で現役で働きたいと考えています。そのためには健康に留意しないといけないと思っています。

■木附さんの1週間

月 工房での作業	金 工房での作業
火 ギター製作	土 山歩きや温泉に行く
水 工房での作業	日 日曜ギター製作教室（八女市）
木 ギター製作	★ 第3金・土・日曜は工房オープン

モスバーガーでパートを始めて21年
今でも働けるなんて、感謝！ 感謝！

土屋美津子さん［76歳］

若いスタッフから「ツッチー」と呼ばれて、お店のアイドル的存在の土屋さん。
お店ではレジを担当し、押し寄せるお客様の注文を
毎日てきぱきとさばいています。
笑顔で接客する姿がほっとするとお客様からも好評です。

PROFILE

つちやみつこ●東京都出身。会社で経理の仕事をしていたが、出産を機に退職。3人の子どもを育て上げる。新聞の求人広告を見て応募。以降21年モスバーガーでパートとして働いている。

――新聞の求人広告がきっかけで応募されたそうですね？

結婚して長男を出産するまでは会社で経理の仕事をしていました。当時は母親が子どもを育てるのが当たり前と言われていた時代でしたから、子育て中は働きませんでした。でも姉からも「子育ても終わったのだし、外に出なさい」と言われていたり、自分も家にいるのが飽き飽きしていました。それに、足から老いると言われますから、自分でも心配だと思い始めた時期でもありました。

当時は求人広告が新聞にたくさん掲載されていた好景気の時代でした。その中に娘がモスバーガーの求人を見つけたのです。募集は接客ではなく、野菜を切る仕事でした。これだったら、主婦で毎日やっていることだからできるかなと思い、応募しました。レタスをちぎって、トマトを切って、サラダをつくるというような仕事でした。毎回ちゃんと重さを測って、工夫しながら調理するのが楽しかったです。最初は3時間程度の勤務でした。

それからポジジョンが変わり、レジを担当することになりました。店内で研修を受けて、基本的なことは教えてもらいましたが、それまでバックヤードで働いていて、店内で売られている商品に詳しくなかったので、お客様から注文された商品の区別がつかないこともありました。

自分なりに自分の言葉で伝え、お客様の目を見て確認することを店長から教わり、少しでも正確に早くレジを打てるように努力しました。

お客様の目を見て確認していると、本当に納得されたか、喜んでいらっしゃるかがわかります。それが働く楽しみなんです。

仕事メモ

- 勤務日数：週6日
- 勤務時間：11:00～18:00
- 収　　入：時給制

■株式会社モスフードサービス
時間にゆとりがあるシニアの人たちもお店の戦力として長く働いている。
http://www.mos.co.jp/company/

――20年働いたお店から異動になっていかがですか？

20年間五反田東口店で働いてきたのですが、契約の都合で閉店になったため、2017年7月から現在の大崎店に異動しました。五反田店では注文を受けて、ドリンクも出していましたが、ここはオフィスビルの1階にあり、ランチタイムがとても混み合うので、レジとドリンクは分けて担当しています。私はレジ専門で、ご注文を受けてタッチパネルを操作しています。最初は商品の位置を探すのが大変でしたが、今は間違えて指がタッチしない限り、問題はありません。パソコンにさわったのは、働き始める前に知り合いにワードとエクセルを教えてもらい、名簿をつくったくらいでしたが、なんとかなるものですね。

店舗によって厨房のレイアウトが違うので、会社の方も大丈夫かなと心配してくださったようです。今のお店の動線に体が慣れるまでには少し時間がかかりました。

――若い人たちとうまくやっていくコツはありますか？

ときには言葉使いやトレイの並べ方など少し気になることがありますが、大きな間違いでない限り言わないようにしています。それよりも**若い人たちが「ツッチー！」と気軽に声をかけてくれて、よくしてくださるので、毎日ここで働くのが楽しみです。**

五反田東口店のときは、お店を利用されなくても、前を通るときに手を上げたり、会釈してくださるお客様がたくさんいらっしゃいました。ありがたいことだと思います。いつもお客様が帰られるときに、私が後ろ姿に向かってお辞儀をしているのが、暗くなるとドアのガラスに映っていたそうなんです。お店にそんな投稿をしてくれた方がありました。

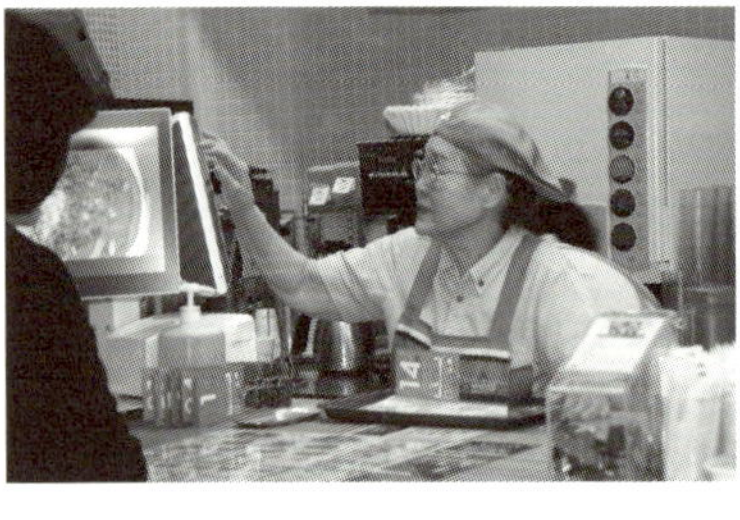

担当はレジ専門で、タッチパネルを操作している。慣れてしまえば、問題はないそう。

うれしかったですね。人が見ている、見ていないではなく、常に一生懸命やっていることをお客様が見ていてくださるのだと実感しました。

――病気をされても復帰されたのですね？

数年前に自覚症状は全くなかったのですが、健康診断で体に不具合があることが発覚し、入院して簡単な手術を受けました。入院するまではいつものように仕事をしていて、元気はありました。結局2か月間くらい休ませていただきましたが、退院してお医者さまの許可が出て、すぐに職場に挨拶に行きました。**1日2時間、3時間と少しずつ慣らしながら復帰しました。長く休んでも再び働かせていただいて感謝しています。**

若い頃は歌舞伎を観るのが好きで、一つの公演を何回も観にいきました。子育てが終わったら歌舞伎三昧したいと思っていた時期もありましたが、私は働くことに惹かれているので、趣味はあきらめました。仕事以外の楽しみは、主人と一緒に孫に会いにいくことくらいです。

通勤時間は自転車で約30分です。主人に毎朝自転車通勤は危ないと言われますが、足の運動も兼ねて、頑固に続けています。仕事中は休憩時間以外立ちっぱなしですが、慣れているので苦にはなりません。毎日、出勤する前に夕ごはんの支度をしてから出てきます。だから主人にも仕事を続けることを反対されないのだと思います。

前のお店では81歳の方が働いていらしたので、追いつこうと思いながらがんばってきました。健康維持に努めて、働き続けたいと思っています。

学生時代に立ち上げた劇団を続けながら ずっとフリー校正者

中川順子さん［61歳］

大学時代に一緒に演劇をする仲間に出会ってから早40年。
中川順子さんは今も同じペースで仲間と演劇を続けています。
今までもこれからも同じように。これも一つの生き方です。

PROFILE

なかがわじゅんこ●東京都出身。劇団河馬壱代表。大学在学中に演劇仲間と校正の仕事に出会い、フリー校正者として働くことで演劇活動のための時間を確保している。

――劇団を始めてどれくらいになりますか？

大学1年のときにふと思いついてサークル仲間と演劇を始めました。専攻は芸術学科の演劇学でしたが、一緒に芝居をしたのは全員別の学科の学生でした。

その主力メンバーが卒業するときに「何も大学を出たからと言ってせっかく続けてきた面白いことをやめる必要もないだろう。この先どれほど続けられるかわからないが、ひとつやってみようか」と話し合って、１９８１年に「劇団河馬壱」を結成し、２０１８年で37年になります。劇団員は10名前後、私は演出担当です。

旗揚げ公演は、ゴーゴリの『検察官』でした。以来年に0～2回のペースで公演を続けています。これまでに既成の戯曲も上演しましたが、多くはテーマを見繕ったり、童話や昔話、説教節などを下敷きに、自分たちで集団制作した作品です。

友人のピアニストからの提案で一昨年から、ピアノ演奏とのコラボレーションで朗読劇『ピーターと狼』を、あちこちで上演しています。

最近、既成の劇場やホールとは別に演劇やコンサートができる場所が増え、工夫次第でお金をかけずに上演することが容易になってきました。朗読劇は、ことさら舞台装置をしつらえなくてもでき、また台本を暗記する必要がないのでメンバーが集まりやすく、しばらくは続けていくことになりそうです。昨年からはライブハウスでの岸田國《くに》士《お》朗読ライブにも参加しています。「朗読でこんなにも想像力を掻き立てられるとは思わなかった」との言葉をいただき、うれしかったです。

仕事メモ

- ★ 勤務日数：不定期（出張校正または自宅で作業）
- 勤務時間：不定期
- ¥ 収　　入：校正する内容により変わる

――演劇と校正の仕事はどうやりくりされているのですか？

校正の仕事を始めたきっかけは、演劇にかまけて大学5年生になった春休みに、大学の先生の紹介で行った、出版社のアルバイトです。そこで校正の初歩を覚えました。その後、校正専門の会社に入り、現在はフリーランスで仕事を続けています。

稽古や公演に差し支える場合もあるので、毎月決まった日や毎週決まった曜日を確保しなければならない定期刊行物の校正は断念します。字幕の校正のお話をお断りしたのは実に残念でしたが、年に何回も公演するわけではありませんから、空いていればいつでも校正に伺います。

会社に机を与えられてそこに通ったり、印刷所に出かけて全部終わるまで帰らなかったり、自宅でやったりと、仕事の環境も仕事パターンもさまざまです。昔、まだ自分が校正をするとは思っていなかったころ、なぜか読んだ校正についてのエッセイの中に「5時間以上続けても、精度が落ちるだけだ」とあったのを常に思い出し、集中力を過信しないよう気を付けています。

――どんな分野のものを校正されているのでしょうか？

いくつかの会社から仕事をいただいています。教育関係の出版物や、保育者向けの雑誌、企業の会社案内、株主向けの事業報告書など、数ページのパンフレットから数十ページの冊子もあり、多岐にわたります。大学案内や参考書、単行本の校正を依頼されることもあります。制作プロダクションにアウトソーシングされた企業物の校正も担当します。

岸田國士の朗読ライブの稽古をする中川さん（中央）。

最近の情報誌などの誌面は1ページ内の文字量が増えて、レイアウトも細かく複雑なものに様変わりしています。今のところは細かい紙面の校正にも対応できています。眼鏡は矯正度合の弱いものから強いものまで4種類持ち、校正の仕事と演劇のときで使い分けています。

――やりがいを感じるのはどんなときですか?

校正にも演劇にもやりがいを感じています。どちらも生活に欠かせない大切な要素ですし、どちらも面白いです。大学時代の恩師がイプセンの戯曲を連続上演する際に、演出助手としてチームに入りました。おかげで2006年にノルウェーで開かれたイプセン没後100年記念の国際イプセン演劇祭をはじめ、ストックホルム、ロンドン、アイスランドやインドネシアでの公演にも参加しました。その関係で、最近はイプセン関係の校正の仕事をいただくこともあり、全てが一本の糸でつながっているような不思議な気がします。

――今後もこのペースで仕事をされていきますか?

みんな演劇以外の仕事を持っていますし、若い頃とは置かれている状況も体調も違うので、そのときどきで公演に参加できたりできなかったりします。参加メンバーが多くても少なくても、そのときどきの自分たちに合った作品を探して続けたいと思います。**劇団以外でも、ご縁と時間と体力があれば、まだまだいろいろな演劇に出会いたいです。校正は生活に欠かせない収入源ですし、視力と記憶力、判断力、根気が続く限り続けます。**

劇団河馬壱で上演した作品のチラシ。

布好きは子ども時代から。今も布にさわっていられる仕事ができて毎日幸せ

木元由美さん［66歳］

高校生の頃から、将来は洋装店に勤めて縫い物の仕事をしたいと考えていた木元さん。帽子の仕事や舞台衣装を縫う仕事を経て、現在はブティックで働いています。

これまで積み重ねてきたことが活かされていて、人生にむだはないと話します。

PROFILE

きもとゆみ●長崎県出身。お母さんの介護をしながら自宅で舞台衣装を製作。その後百貨店の契約社員に。現在はブティック社員。

――これまでにどんな仕事をされてきましたか？

私の布好きの原点は、母が縫ってくれたワンピースやスカートにあると思います。母が手づくりの服を着せてくれて、とてもうれしかったのを覚えています。高校時代の家庭科の授業でスーツを縫って、将来は洋装店で働きたいと思っていました。

縫い物の仕事を始めたのは、子育てをしていたときです。友人に紹介されて、自宅で子ども用の帽子に花やリボンを付ける仕事を始め、その帽子会社でパートとしても働きました。その後は自宅で舞台衣装を縫う仕事をしていました。有名女優やバレエダンサーなどの衣装も担当して、ゲネプロ（総稽古）なども見にいく機会があり、やりがいを感じていました。でも公演スケジュールは決まっているのに、衣装の最終決定が遅れることもあり、徹夜続きで仕事をすることがたびたびで、また仕事の依頼はとても不定期でした。当時は母を自宅で介護していたので続けていましたが、母を送ってから仕事を探し、デパートの契約社員になりました。

ところが配属されたのは、希望していた婦人服売り場ではなく、ランジェリー売り場でした。お客さまの対応などの研修が定期的にありました。商品のラッピングは現場で覚えました。このときに接客の基本などを学んだことは、現在の仕事にとても役立っています。

――現在の仕事について教えてください。

デパートには3年ほど勤めて、やはり婦人服の仕事に関わりたいと、契約社員を辞めて、仕事を探しました。駅に置いてある求人誌で見つけたのが、現在のブティックの販売員の

仕事メモ

- 勤務日数：月22日　シフト制
- 勤務時間：8時間
- 収　　入：月給制

仕事です。入社して11年になります。**どちらかというと、年齢層の高いお客様をターゲットにしているお店で、スタッフの年齢が比較的高いです。**パートの女性2人は、なんと私よりも年齢が上。うちの会社では、定年ははっきり決まっていないようです。

各自の販売数のノルマはありません。お店全体で売上を上げるのが目標です。お得意さまにはセールのお知らせのはがきを出します。個人の販売ノルマがないので、職場の雰囲気は和気あいあいとしています。

大変なのは、駅近くのビルに入っている店舗なので、営業時間や休みがビルの営業に準じるところです。年中無休で、営業時間は、以前は10時から夜8時まででしたが、数年前から21時に延びました。そのため勤務は早番、中番、遅番でシフトを組んでいます。私の勤務は月22日。拘束時間は9時間です。立ったままの仕事には慣れました。通勤時間は約30分ですが、遅番の日は帰宅が10時近くになります。

——お客さまとのやりとりが楽しみなんですね。

私もそうですが、女性はおしゃれを楽しみたいし、洋服が好きだと思います。なるべくいつまでもきれいでいたいという願望がありますよね。そういう方たちのお手伝いが日々できる仕事です。

販売の仕事に必要なことは、「聞き上手になること」だと思っています。そして心がけていることは、商品の特長をよく覚えておくこと。色やサイズを知っていないと、説明できないからです。好みの色を聞きながら、ときには違う色合いのものを合わせてお勧めしま

センスが光るディスプレイに。
楽しみながら工夫している。

す。今までそのお客様が着たことがないデザインや色合いの服が似合うこともあるので、提案したりします。「あら、これ、自分に似合うみたい」と喜んでいただけると、やりがいを感じます。

ここの店は固定客が多いです。「どこを見ても若い人向けの商品ばかり。デパートはブランドごとに分かれていて買いにくくて」という方も。私が休みの日にいらして、「出直すわ」と言ってくださる方もいらして、自分についてくれるお客様が多いのはうれしいです。「ありがとう。また来ます」と笑顔で帰られるのを見送るときも、この仕事に就けたことに幸せを感じます。

――どんな老後を過ごすと考えていましたか?

65歳になったらもう働いていないだろうと思っていましたが、今が一番幸せです。先日、高価な商品を買ってくださったお客さまの言葉にはっとしました。「90歳過ぎて外にあまり出られないから、家にいるときによいものを着ていたいの」。年輩の方の、齢を重ねたが故の厚みのある言葉は身に染みます。自分もそんな気持ちに余裕のある老後を過ごせるようにお手本にしたいと思います。

外国人のお客様もいらっしゃるので、今後は外国語をもっと勉強したいと思っています。**趣味はポップ系のアーティストのコンサートに行くことです。ツイッターで発信し始めてから、仲間が増えました。**現在、自分なりの動画をつくってツイッターに上げたいと挑戦中です。好きなことがあると、また明日も仕事をがんばろうと思うことができます。

広告マンが田舎に移住。農業と週3日のローカル新聞社勤務で充実した日々

平田佳宏さん［56歳］

大手広告代理店を早期退職し、京都府綾部市に移住した平田さん。
華やかな都会生活と正反対にも見える田舎暮らしは、
平田さんの信条である「経済成長なきシアワセ」を求めた
「半農半X《エックス》」の理想的な暮らしでした。

PROFILE

ひらたよしひろ●香川県出身。青山学院大学卒業後、株式会社電通に入社。勤続30年で早期退職し、夫婦で京都府綾部市に移住。無農薬・無肥料の米や野菜を育てながら、週3日あやべ市民新聞社に勤務している。

――移住されるまでどんな仕事をされていましたか？

広告会社の電通に30年間勤務し、**定年まであと7年というタイミングで会社を辞める決意をして、綾部に移住しました。**電通では、主に大阪でテレビコマーシャルの仕事や、インターネットビジネスに関わっていました。会社では、局次長という管理職の立場にあり、管理のための管理をする仕事で、正直つまらないと思っていました。

会社を辞めたいと思うようになった一番大きな要因は、世の中には売るべきではない、売ってはいけないような商品があふれているのに、自分自身が納得できないような商品も売る手伝いをしなければならない仕事に、だんだん誇りが持てなくなったことでした。都会で生活をしていると、物もサービスも全てお金で買わなくてはいけません。広告の仕事はそういうことを助長する仕事でもあったわけです。お金のために生きることを余儀なくされる。そういう生き方に納得できない思いがあったんです。**できるだけお金に依存しない生き方をしたいと思うようになり、米や野菜を育て、つくれるものは何でも自分でつくるという生活に惹かれていきました。**そんなことを考えているタイミングで、会社が早期退職優遇制度を発表し、心を動かされました。家族はびっくりしたと思います。

――移住を決意された経緯を教えてください。

綾部在住の塩見直紀さんの著書『半農半Xという生き方』（ソニーマガジンズ）に出会ったことも大きなきっかけでした。半自給的な農業と、好きなこと、やりたい仕事を両立させる生き方に、大きな感銘を受けました。偶然にも、綾部の家と田畑と山をまとめて譲って

仕事メモ

- **勤務日数：週3日**
- **勤務時間：8:30～17:30**
- **収　　入：年収300万円**

くださるという方とのご縁があり、家族で現地を見に訪れたところ、妻も気に入ってしまったんです。それが家族を説得する大きな材料になり、慌ただしく移住と退職を決心しました。手に入れた土地は、家と田畑、山や原野など全部で５０００坪ほど。米づくりについては、移住前から綾部に通い、『半農半Xという生き方』の著者である塩見直紀さんの田んぼの一区画をお借りして、一から教えていただきました。無農薬・無肥料でつくる自然栽培で、除草剤もまかないので、すぐ草がはえます。毎日草抜きです。農業も田舎暮らしも未知の世界でしたが、理想を胸に今までと１８０度違う生活に飛び込みました。

綾部の地域紙「あやべ市民新聞社」の仕事は、移住後に求人広告を見つけて応募しました。脱サラして新しい生き方を求めて移住した以上、これまでと同じようなサラリーマン生活をしたくありませんでした。半農半Xを志して移住した決意を、社長が全て理解して働き方を提示してくれました。

——現在の生活について教えてください。

現在、週に３日は「あやべ市民新聞社」に経営企画室長という立場で出勤しています。残業もほとんどありません。ミッションは衰退しつつある新聞社の「第二の収益の柱」をつくり出すことで、責任のある仕事です。デスクワークのほか、記者として取材をして原稿を書いたり、ときには新聞配達など何でもやります。

それ以外の日は、田んぼか畑に出て、自分たちが食べるための米や野菜を育てています。失敗もありますが、楽しんでやっています。家の修理や木の間伐、薪ストーブ用の薪の確

無農薬・無肥料の自然栽培で、稲刈りも手刈りで天日干しする、旧来のやり方にこだわる。

保などさまざまな野良仕事もあります。面積が広いので、作業は膨大です。妻も週3日、綾部市観光協会に勤務しているので、食事の支度は私が担当することも多いです。

目の前の自然で満たされているからか、こちらに来て物欲があまりなくなりました。必要なものはインターネット通販で何でも買えますし、生活に不便はありません。しかし冬の雪の多さは、びっくりしました。会社に行くにはまず雪かきをして、車を掘り出さないといけません。以前は車が趣味で、クラシックカーなど欧州車を2台所有していたのですが、今では軽トラと軽自動車の2台で十分と思うようになり、手放してしまいました。電通時代からドラムやギターでバンド活動を続けてきたのですが、綾部でもバンドを組んで演奏ができたらと思っています。音楽が好きな仲間と出会いつつあるのでこれからが楽しみです。

——今後について何か考えていることはありますか?

新聞社の仕事は65歳ぐらいまで、田畑を耕すのは体が動く限り続けていきたいと考えています。10年ぐらい前までは、**定年後は東京に住み、美術館やライブハウスを巡り、食べ歩きして、都会生活を満喫する余生を送りたいと思っていたんです。でも、現在はそれとは正反対の生き方こそ、自分に向いている、理想的な生活だと思っています。**お金に固執しない生き方ができていること、自然が素晴らしいので日々風景に感動しながら暮らせることに満足しています。綾部で出会った人たちはみんな温かい人たちばかり。田舎ですが排他的なところは全くありませんでした。私は56歳で、集落の中では完全な若手。これからは集落のためになるような活動にも、どんどん関わっていきたいと思っています。

トラクターで田植えの
準備をする平田さん。

がむしゃらな仕事人生を卒業して北軽井沢に移住。就職先は人気のキャンプ場

尺田憲治さん［74歳］

10年前に奥様の希望で生まれ育った広島県から北軽井沢に移住した尺田さん。移住先で仕事を探し、7年前から地元のキャンプ場のスタッフとして週5日フルタイムで働いています。誰ひとり知らない土地で新しい暮らしをスタートしてから、ブログや仕事を通して知り合いの輪が広がり続けています。

日本一予約が取れないキャンプ場として知られる「北軽井沢スウィートグラス」。

PROFILE

しゃくだけんじ●広島県出身。広島で建設関係の会社を継いで経営していたが、弟たちに任せて、仕事を辞め、群馬県嬬恋村に移住。スキーレンタル店や農業、野菜直売店での販売を経験し、2011年から「北軽井沢スウィートグラス」で働いている。

──移住されたのは奥様の要望だったのですか？

結婚するまでを第一の人生、結婚後を第二の人生とすると、65歳からの人生は第三の人生だと私は思っています。結婚して40年間仕事人間で、ただがむしゃらに突き進んできましたが、60歳を過ぎた頃、妻から人生の最後は信州の静かな森の中で暮らしたいという希望を聞きました。はじめは驚きましたが、63歳のときに軽井沢から車で30分ほどの群馬県嬬恋《つまごい》村の別荘地に家を購入して準備を整え、65歳になって移住してきました。父の後を継いで営んできた建設関係の会社は3人の弟たちに任せました。ここを終の棲家と決め、この地に骨を埋める決意なので、移住してから広島には一度も帰っていません。

移住してからしばらくは、夫婦であちこち出かけて楽しみました。半年ほどは、家の周囲の整備に時間を費やしましたが、ひと通りやることが終わると、全くすることがなくなりました。友人が一人もいないところで、時間を持て余すようになったのです。そんな私を見かねたのか、息子から「退屈しのぎにブログを開設したら？」と勧められ、ブログにここでの生活を書いているうちに、地域の知人が増えていきました。ブログからの人の輪の広がりは驚くほどすごいです。地元に妹、弟と呼ぶような知り合いもできました。

でもあるとき、「ブログを書くだけの毎日に終止符を打とう、就職しよう」と心に決めました。体は元気で、少々の労働には耐えられる自信があるから、どんな仕事でもいいと思いました。近所のコンビニ、郵便局の臨時アルバイト、土産物の売店などに応募しましたが、次々と不採用の通知が届きました。そこではじめて、**65歳という年齢で就職することの大変さに気づきましたが、「それでもあきらめないぞ」と思っていました。**その後スキー

仕事メモ

- **勤務日数：週5日**
- **勤務時間：9:00～17:00**
- **勤務形態：アルバイト**
- **収　　入：時給制（950円）**

レンタルショップのスタッフ募集の貼り紙を見て連絡したところ、スキーは全くやったことがなかったのですが採用され、ひと冬働きました。春からはその社長が経営する農場でトウモロコシの定植やキュウリなどの収穫を手伝い、夏は草津の野菜直売店で働きました。

――現在はキャンプ場で働いておられますね。

「北軽井沢スウィートグラス」というキャンプ場です。スキーレンタル店で一緒に働いた人の紹介で、2011年春から働いています。**仕事は主にコテージや共用施設の掃除です。**浅間高原に広がる3万坪の敷地にあるキャンプ場で、日本一予約が取れないキャンプ場として知られ、常にキャンセル待ちが出ています。キャンプ場のお客様がチェックアウトする11時から、チェックインする午後2時までの間にキャンプ場の全ての施設の掃除をします。場内には、コテージとキャビンが合わせて47棟。また場内4か所にある炊事場とトイレ、家族風呂を6班に分かれて掃除します。6台の車に掃除機など機材を乗せて、一人が運転し、他の人は歩いて移動するので、多いときは、1日に1万2千歩歩いています。

管理棟でお客様の受付や施設の説明、レンタル品を貸し出すのは若い人の担当です。お掃除班にも若い人はいますが、60歳以上の人がかなり多いです。男性、女性ほぼ半々の人たちが働いています。地元の人のほか、別荘に移住してきた人、別荘を持っていて春から秋まで働いている人もいますね。

――やりがいを感じるのはどんなときですか?

コテージや共用施設の掃除が主な仕事。軽井沢の冬は厳しく、2月はほとんど毎日終日氷点下になる。

ここはリピーターのお客様が多く、「しゃくおじさん」と私の名前を覚えている子どももいたりして、触れ合いが楽しいです。北軽井沢スウィートグラスは有限会社きたもっくの経営です。私は「企業活動を通して自然に従う生き方を表現し、時代の求める価値を創造する」という企業理念に傾倒しています。**3年前から中長期計画や各部署の年間計画が発表される研修会に、アルバイトとして唯一人出席していて、やりがいを感じます。**

つらいのは冬の寒さです。2月はほとんど毎日終日氷点下、戸外では濡れ雑巾が凍ります。広島育ちで寒がりなので、上着は7枚、ゴアテックスが入ったズボン下を2枚重ねた上にボア付きのズボンをはき、靴下は4枚重ねて、冷凍倉庫用の長靴をはいています。

——この仕事をいつまで続けたいですか？

私は今年75歳になります。アルバイト契約で毎年契約を更新していますが、社長からは元気なうちは来てくれと言われています。でも会社としてこんな高齢者を雇ったことがないので、働き方を考えてくれているようです。群馬県嬬恋村と長野原町で申請した「浅間山北麓ジオパーク」が2016年に認定されたので、ジオガイド認定講座を受講しました。この地域の地形や自然について勉強するので、仕事にも役立つと思います。

「車が運転できなくなったら困らないか？」とよく聞かれますが、私は楽天的な人間なので、「自分は死ぬ前日まで車を運転するから」と答えます。家から歩いて行ける範囲にはお店はありません。家内は運転免許を持っていないので、「私は家内より先に死ねない」という気持ちが私の元気の秘訣にもなっているのです。

■尺田さんのブログ
「北軽井沢 虹の街 爽やかな風」
https://blogs.yahoo.co.jp/yktsp534/

妻とよく訪ねた軽井沢の地に移り住み
憧れのホテルで調理補助

岡本勲さん［77歳］

ある日突然、最愛の奥様を病気で亡くした岡本さん。
70歳を過ぎてから、30年間奥様と住んだ湘南から、
知り合いがいない軽井沢へ移り住みます。
憧れのホテルで仕事を見つけ、趣味も充実させて生き生きと働いています。

PROFILE

おかもといさお●福井県小浜市出身。生命保険会社の子会社などで営業職を務め、71歳で退職。5年前に湘南から軽井沢に移り住む。軽井沢、星野リゾート 軽井沢ホテルブレストンコートのスタッフとして働いている。

――軽井沢で仕事をされるようになったきっかけは？

北陸で会社勤務したのち、東京の生命保険会社の子会社で30年ほど営業の仕事をしていました。ここに移り住んできたきっかけは、9年前に女房を亡くしたことです。私と話しているときに急に倒れて亡くなりました。脳出血でした。会社退職の頃とも重なり、ダブルショックで、心を病んでいるような状態になりました。もともと旅行が好きなので、しばらくはそのまま湘南の家に住み、ときどき旅に出る。そんな生活を数年続けましたが、いったん人生を切り替えようと考え始めました。海の近くではなく、今度は山のほうに住みたい。そこで5年前に思い切って軽井沢に移り住んできました。軽井沢は、女房とときどき遊びに来ていて、環境も空気もいいところだと思っていたからです。でも、誰ひとり知り合いはいませんでした。お寺や神社巡りが好きなので、軽井沢に来てから2年ほどは旅行を楽しんでいました。

そろそろ社会と関わりを持ちたいと思っていたところ、星野リゾート 軽井沢ホテルブレストンコートの求人広告を見つけたのです。**ぜひ働きたいと思い、早速履歴書を書き、郵送せずに届けに行きました。75歳なので、だめでもともとでしたが、面接を受けた翌日から来てくださいということになりました。**女房と訪ねたときにあんなところに泊まれたらいいなあと言っていた、憧れのホテルで働けるとは思っていませんでした。

――仕事で心がけていることは何ですか？

仕事は食器類の洗浄や調理補助です。はじめは、ホテルの中で使われている食器や食材

仕事メモ

- ★ 勤務日数：月に12日程度（季節により変動あり）
- 勤務時間：9:00〜17:00
- ¥ 収　　入：時給制

などの用語を覚えるのに苦労しました。独特の呼び方をしているのです。理解していないと、とっさに反応できないので、がんばって覚えました。

仕事場では、当日の朝、チームの7人で今日はこういう具合でしましょう、などと相談してから始めます。**仕事で心がけていることは、スピードと生産性、そして協調性です。**チームで仕事をしているので、メンバーが同じ方向を向いていないと、生産性も上がりませんし、スピードも上がりません。食材や食器は流れてきますので、一人が違うことをやっていると、そこで作業が止まってしまいます。スムーズに作業するには、チーム内で声をかけやすく、躊躇することなく言いたいことが言いやすい関係をつくることが大事だと思っています。そのため先輩や若い人たちにも自ら声をかけています。**「サラリーマン時代から経験したことを若い人に教えてあげてください」と上司に言われました。同じ仕事をしているので、世代間のコミュニケーションギャップは感じません。**

調理関係のユニットの全体ミーティングが1～2か月に1回あり、40～50名が一堂に会します。報告事項だけでなく、問題点や気づいたこと、改善点などを話し合い情報を共有します。スタッフが言いたいことを言えるような雰囲気です。

ずっと立ち仕事ですが、じっとしているのが嫌いなので、苦になりません。私の名前の漢字には「動」という字が入っています。父から「元気で動く人間になれ。だから動くという字を付けた。「動」下の4つの点は動きを支えている」と言われて育ちました。

――この仕事に就いてよかったなと思う瞬間は？

湘南マラソンに出場。
笑顔で完走。

雇用形態は、1年ごとに契約更新をしています。ホテルブレストンコートでは仕事のシフトを自分で決められるのがとてもいいと思います。勤務時間帯はいろいろですが、私はほぼ週3日勤務で、繁忙期は週4回入ることもあります。土曜・日曜は休み、平日に勤務しています。シフトはいろいろありますが、私は9時から6〜7時間働いています。プライベートを楽しむ時間も十分確保できます。

趣味はいろいろありますが、走るのが好きなので、軽井沢で開催されるハーフマラソンの10キロコースにも出てみました。そのほか酒造りに凝っているので、ときどき山形県の酒蔵に通っています。酒米の田植え、稲刈り、杜氏の真似事もさせてもらっています。今春は自分でプロデュースしたお酒ができました。

健康面で注意しているのは、しっかりかんで食べることです。調理チームの仕事でヒントを得た料理もつくっています。先日は太いネギを5等分くらいに切って、豚肉の薄切り肉を巻き、調味料を入れて焼きました。おいしかったです。こんなふうにちょっとしたことを教えてもらえるようないい雰囲気なのです。**包丁一本握ったことがなかった自分が料理をしているのは、この仕事のおかげですね。感謝の気持ちでいっぱいです。**

仕事の日は、みんなに会えると思うと、朝5時に起きるのも億劫にはなりません。自宅から職場までは約1・5キロなので、自転車で20分、歩いても30分くらいです。冬は歩きで通勤しています。

私は、心の中に燃料、ガソリンがあると思っています。それが切れるまで、燃えつくすまで働きたいと思います。

大学教授を定年退職後 絵草紙についての本を執筆

アン・ヘリングさん［78歳］

文楽に魅せられてアメリカから留学し、
「おもちゃ絵」と呼ばれる絵草紙の一種と運命的な出合いをしたヘリングさん。
半世紀以上を日本で過ごし、大学教授を定年退職した後も、
絵草紙の山に囲まれて古書市巡りに変わらぬ情熱を燃やしています。

PROFILE

Ann Herring ●アメリカ合衆国オレゴン州ポートランド出身。児童文化史研究家。法政大学名誉教授。元杉並区図書館協議会委員、元東京都立中央図書館協議会委員。著書に『千代紙の世界』(講談社インターナショナル)など、訳書に『猫のフォークロア』(キャサリン・M・ブリッグズ著、誠文堂新光社)などがある。

――来日のきっかけと、その後の日本での生活について教えてください。

私はアメリカのポートランドの出身です。日本に来たそもそものきっかけは、高校の社会科の授業で太平洋沿岸の国々について学んでいたとき、文楽の存在を知ったことでした。その後、幸運にもシアトル万博（1962年）で文楽公演を観る機会に恵まれたんです。人形、三味線はもちろん、太夫の語りにすっかり魅了され、少しでも意味がわかれば、と在学中のワシントン大学（シアトル）で実験的に行われていた日本語集中講義に応募しました。一日8時間、9か月にわたる特訓の末に翌年、奨学金を得て日本に留学。東京で2年間、日本語をはじめ、日本の歴史、文学、地理などを幅広く学びました。

その後、再び来日。**高校の英会話講師や翻訳などで生計を立てながら、古書店や古書市に通い詰めました。そこで出合ったのが、絵双六、千代紙、豆本、組上燈籠（別名、立版古《たてばんこ》）など「おもちゃ絵」と呼ばれる絵草紙です。**歌麿、広重以外にもこんな面白い世界があるのに大学の日本美術の授業ではなぜ教えてくれなかったのか、と思いました。

神保町通いが縁で児童文学研究家や出版社の方々と出会い、さらにご縁がつながって法政大学の専任教員になりました。当初は、お決まりの英会話講師。愛する母語である英語を教えることは決して嫌ではありませんが、「ガイジン＝英会話講師」という枠から飛び出そうとずいぶん抵抗したものです。その甲斐あってか、やがて子どもの本の歴史をテーマにした講義を任されるようになりました。講義での使用言語はもちろん日本語です。

専任教員になってよかったことは、何といっても経済的な安定。いま年金をいただけるのも、そのおかげです。もう一つよかったことは教職員組合に入る資格ができたこと。「ア

仕事メモ

- 勤務日数：日による（資料整理、調べもの、原稿書き）
- 勤務時間：不定期

メリカ人だから組合は嫌いでしょ」と言われたこともありましたが、冗談じゃない。私は幼い頃から父や母に抱っこされて組合集会に行っていたんですよ。教職員組合では「ガイジンさん」ではなく同じ人間、同じ労働者として平等に扱われたことが何よりうれしかった。初めてのメーデーは、政治的活動を理由にビザを取り上げられたら、という不安もありましたが、労働者としての誇りに胸を張り、行進の列に加わりました。今でもメーデーには毎年欠かさず参加して元気に歩いています。

――定年後の人生設計はありましたか？

正直なところ、私は絵草紙や古書の世界さえあれば、他には何もいらないんです。ただ、ずっと日本で暮らし続けていくために、法政大を定年退職する頃に永住権を取得しました。定年後の生活で問題があるとすれば、やはりお金のこと。贅沢を言ってはいけないけれど、お金があれば古書市で欲しいものが手に入る。それに、世界を旅することができるし、貧しい人たちを助けることもできます。植木市でお金がなる木を売っていればいいのに、と溜め息をつくばかりです。

――大学を定年退職した後はどんな生活をしていますか？

定年後は、美術館などの展示用に所蔵品を貸し出したり、解説文を書いたり、また近代ヨーロッパ出版史について調べたりしていました。**現在は、絵草紙をテーマにした本の執筆に取り組んでいます。**絵草紙に興味を持つ若い世代の人たちも家を訪れては何かと手伝っ

ヘリングさん所蔵の
組上燈籠を複製し、
組み立てたもの。

撮影　千葉浩司
複製組立者　Tony Cole

てくれます。こうした若い世代との交流は、私にとって大きな刺激となっています。

――これからの人生でチャレンジしたいことは？

決して体が丈夫なほうではありませんが、130歳まで生きたい。それでも時間が足りません。登った山の頂から眺めれば、はるか遠くまで山また山が連なっている。この世に面白いものがある限り、私は探検をやめないでしょう。本に書きたいテーマもいくつかあります。一つは歌舞伎座の舞台美術家で『組上燈籠考』の著作がある故・高根宏浩《こうこう》先生のこと。高根先生は絵草紙の世界への案内役を務めてくださった恩人なんです。もう一つは私の祖先について。祖国を捨てて自らの信条を貫いた母方の祖先、黒人奴隷を南部からカナダに逃すための秘密結社に参加していた父方の祖先……。こんなひょろひょろな私ですけれど、ちょっと暴れん坊なところがあるのは、きっと血筋ですね。

これまでに集めた絵草紙を博物館や美術館、図書館などにひとまとめにお貸しすること、そして、ゆくゆくは寄贈することも考えています。現在、若い人たちに協力してもらいながら、少しずつ目録のデジタル化を進めているところです。自分でもコンピュータを使えるようになりたくて教えてもらうこともあるのですが、習得にはまだちょっと時間がかかりそうです。

幸せとはいえないことも、これまでたっぷりあったけど、だからなおさらのこと生きていることがありがたい。**私はこの通りの変わり者ですが、私の人生は奇跡のような出会いの数珠つなぎでした。これからもずっと奇跡が続いていってほしいと願っています。**

ヘリングさんの見識と人柄に惹かれて、若い人たちがしばしば訪れる。

二足の草鞋《わらじ》ははけないと会社を解散 篆刻家《てんこくか》の道へ

尾崎徳風さん［59歳］

篆刻家として落款印の製作、篆刻教室での指導をしている尾崎さん。
奥の深い篆刻の道を極める決意をして以来、
何歳で仕事を辞め、何歳で個展を開き、何歳で印譜集を出版する……
と明確な目標を立て、着実に有言実行しています。

PROFILE

おさきとくふう● 1958年生まれ。兵庫県出身。京都産業大学卒業後、東京のアパレル関係の会社に就職。26歳で中国の工芸品販売の家業を継ぎ、株式会社オサキ商行で33年働く。2017年篆刻家の活動に専念するため家業をたたみ、白玄印社を設立。

——篆刻家になろうと思われた経緯を教えてください。

大学を卒業して3年間、東京でアパレル関係の仕事をしていました。26歳のときに赤穂《あこう》市に戻り、中国の工芸品販売の家業を継ぎました。転機は49歳のとき。会社の取り扱い商品の書道用品の中に篆刻用の印材があったのです。**お客様からこの石に落款印を彫ってもらえないかと尋ねられ、自分で勉強をして彫ってあげることができたらと思ったのが、篆刻との出合いでした。**教えていただける先生を探したのですがなかなか見つからず、最終的には長野県の丸山楽雲先生に直接電話してお願いしました。あまりにも距離があるので躊躇されたのですが、なんとか入門を認めてもらえました。以来毎週1回、FAXで作品を送り、添削されたものが返信される生活が始まりました。早10年になります。

印に彫る言葉を、中国の古典『論語』から自分で選ぶように先生から言われ、この10年間ずいぶん読み込みました。言葉を決めると、まず印面の構成を考えて筆で原稿を書き、先生にFAXで送るんです。それが添削されて返ってくると、今度はその通りに印を彫り、押した印影をまたFAXで送ります。最初の頃は添削されて返ってきた先生の達筆な字が読めなくて、苦労しました。篆刻を始めると同時に、書道も習い始めました。本来、篆刻家は書道家でもあるパターンが多いのですが、私はそれまでお習字などを一切やっておらず、まさに50歳の手習いでした。

——大変だったことは何でしたか？

篆刻（印学）は中国で２８００年の歴史があり、これを研究して自分の作品に取り込むに

仕事メモ

★ **勤務日数：毎日**
勤務時間：8:30〜17:30
¥ **収　　入：少々**

は、相当の年月を要します。さらに書道・漢文・漢詩・文字学などの幅広い勉強も必要になります。印面を彫るだけではだめなんです。言葉の意味を理解して彫らないと、精神性の高い印にならないと言われます。ちゃんとした勉強をしないと上達しないわけです。習い始めて5年ほどは、勉強不足もあり、褒められることは皆無で、厳しく手直しされることばかりで、全く面白くありませんでした。5年ほど経って**「よくここまで我慢しましたね」と言われ、やっと楽しさが味わえるようになりました。**

ちょうどその頃、日曜の早朝に、市内の禅寺へ坐禅に通い始め、禅の教えを受けるようになったんです。それを機に生活態度が変化し、篆刻の作品にもよい影響を受けました。この頃から、仕事は60歳で辞めて、その後は篆刻家として篆刻の道を極めようと思うようになりました。

2年前、先生から「もう手直しするところはない」と言われ、印社を立ち上げて後進の指導にあたるよう勧めていただきました。兵庫県の片田舎なので入門者もさほど望めませんが、好きな書と篆刻を思う存分勉強できたら本望と思い、その年の秋に先生に「白玄印社」と命名していただき、印社の看板を掲げることにしました。もちろん現在も2週間に一度は先生に作品の添削を受け、勉強を続けています。

――篆刻家として、どんな生活をされていますか？

毎日夜明け前に起き、近くの山の頂上まで歩く約1時間のトレーニングを日課にしています。畑仕事もします。10時から15時までが篆刻、15時から18時まで書を書く、という毎

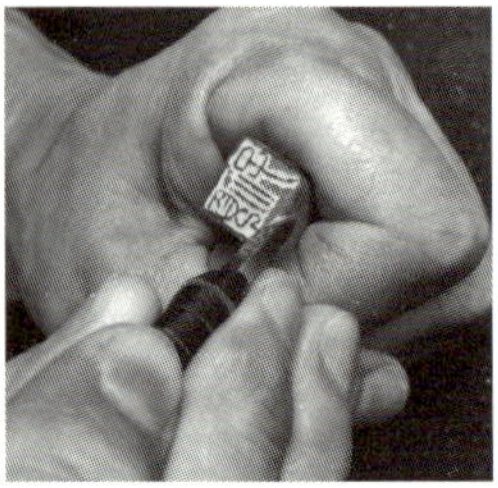

書画を作成した最後に押し、作品を完成させる落款印。

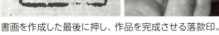

日を送っています。トレーニングで体を鍛え、坐禅で心を鎮め、篆刻で頭を磨いています。

これからは篆刻の道をさらに極めていくことを人生の課題としようと決意し、二足の草鞋ははけないと思い、2017年に会社を解散しました。現在は、篆刻家として落款印の製作をしています。私が彫った落款印を押して、「作品の見栄えがしました」と言われると、うれしいです。作品の仕上げの印として役に立つ、素朴で人の心に響くような印を彫りたいと、日々精進しているところです。

また、自宅で篆刻教室を開き、指導もしています。春と秋には、カルチャースクールで体験教室も開いています。書道や絵手紙などを教えたり習ったりしている人が、自分自身で落款印を彫りたいと、入門を希望されることが多いです。

──今後について考えていることを教えてください。

以前から、還暦記念として60歳で個展をしたいと言っていたのですが、予定通り2018年のゴールデンウィークに個展を開くことができました。この会場で、こんなふうにしたいという具体的なイメージを早くから持っていたので、予定を立てて作品づくりに取り組むなど、着実に準備を整えられました。次は、5年後ぐらいに印譜集（製本）の発行をしたいと思っています。印譜集の内容は、今読み進めている『菜根譚印譜集』となる予定です。

先日、**先生から「篆刻の最高峰は死ぬ直前に見えてくるものです。死ぬまで勉強を緩めないように」と言われました。**篆刻の道は険しいです。終わりなき学問の道を、これからも歩み続けたいと思います。

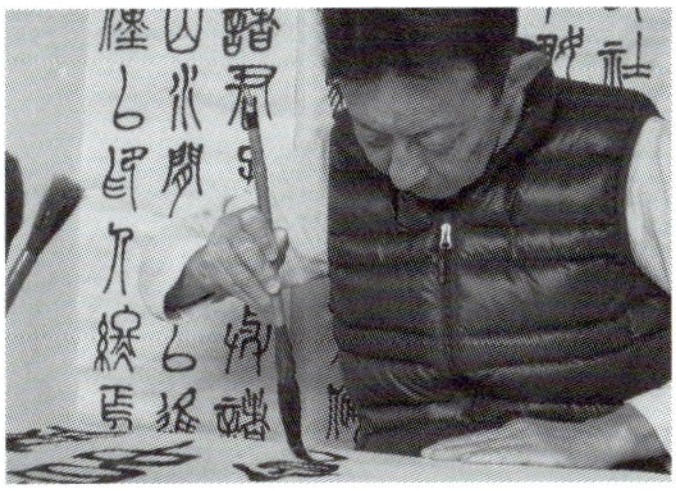

篆刻を始めると同時に、50歳で書道も始めた。

現役時代に培った技術と知恵を活かして小学生が理科に親しむ場を提供

日立横浜理科クラブ

日立横浜理科クラブは、日立グループの事業所や研究所のOB・OGが設立したボランティア団体。同社の横浜研究所内の一室を拠点として、「ふしぎ発見理科ひろば」の活動を開始。実験のものづくりを通して、地域の小学生と一緒に科学を楽しむ機会を提供しています。理事長の草場彰さんと理事で事務局長の原英一さんにお話を伺いました。

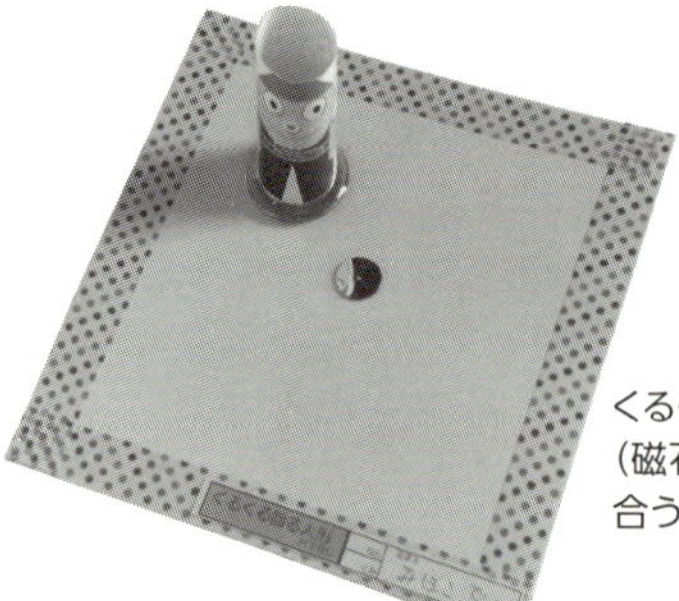

くるくる回る人形（磁石の性質［引き合う力］を学ぶ）。

ペットボトル万華鏡と立体万華鏡（光の性質［反射］を学ぶ）。

――活動を始めたきっかけを教えてください。

日立グループでは10年ほど前からＯＢ・ＯＧが各地で同様の活動を始めており、横浜地区では２０１３年に発足しました。**設立の目的は、子どもへの理科教育です。現役時代は苦労して製品の開発などをしてきたので、仕事を通して身に付けた知識や技術を地域の子どもたちのために役立てたいと思っています。**

このボランティア活動は、日立製作所の地域への社会貢献の一端を担っているので、研究所内の一室を常時借りて活動しています。65歳とか70歳の手習いで、自分の知的能力、知的好奇心を高めることができますし、活動を通して自己実現ができ、ぼけ防止にもなりますから、楽しみながらやっています。またＯＢ・ＯＧの交流の場にもなっています。

――どんな活動をされているのですか？

横浜市内の小学校の授業支援、部活の支援、地元の団体と共同開催する教室の指導などをしています。地区センターや地域のフェスタに参加して行う工作や実験が人気で、口コミで依頼が増え続けています。２０１７年度の活動数は57回。この5年間で参加した子どもは約７７００人。指導に行った会員は約５００人です。

一人でも多くのお子さんに体験してもらいたいのですが、人気のある教室はキャンセル待ちが出ているようです。また理科の授業支援はニーズが多いですが、こちらの態勢に限りがあるので、１学年5クラスもある学校についてはなかなか対応できていません。ただし理科クラブなどクラブ活動からの依頼は30～40人程度なので、極力対応しています。

理事長の草場彰さん（右）と理事で事務局長の原英一さん。

■日立横浜理科クラブ「ふしぎ発見理科ひろば」
http://www.fushigi-rika-hiroba.com

――教材開発で心がけていることはありますか？

小学校の理科授業で学ぶ内容を参考にして、基本的な教材をつくっています。たとえば小学3年生では「電気の通り道」について学ぶので、スイッチで電気が通るとＬＥＤが光る教材も考案しました。開発するときに心がけていることは、基本的にきちんと動くこと、長持ちすることです。その上でいろいろな工夫をします。

理科工作や実験の依頼があると、教材を5～6種類提案して相談します。当日の指導に必要な教材の準備は全てこちらがするので、会場によっては１００セット、２００セット必要になることもあり、木を切ったり、穴をあけたり、会員が協力して、さまざまな準備をしています。

たとえば人気の高かった教材は、①手作りモーターカー、②電子オルゴール、③浮沈子《ふちんし》、④リモコンカー、⑤スイッチバックカー、⑥くるくる回る人形など。動くものが人気となっています。

実物の90分の１のサイズで開発した模型（リニアエクスプレス）の展示教材はどこに行っても大人気です。当理科クラブでこれまでに開発してきた教材は、50種類くらいあります。当クラブのホームページで紹介しています。

――材料費、教材開発の費用など運営費はどうされていますか？

材料費や開発費用など必要経費は、賛助会員になっていただいている企業からの寄付金と会員の年会費、参加者からいただく教材費などでまかなっています。参加者の負担は基本500円。プログラミング関連教材は1000円でした。これは材料費だけの費用です。

――活動を和気あいあいとするための秘策は？

現役時代の役職はリセットして、当クラブではお互いを「さん」づけで呼び合います。スタートした時点では30数名でしたが、現在会員は59名になりました。平均年齢は、70歳ぐらいです。80代の人もいれば、早期退職した40代の女性もいます。全員がモノづくりに長けた技術者ではなく、営業や総務、看護師だった人もいて、それぞれ得意分野を担当しています。子どもの前で話すのは不得意だけど、教材の準備に欠かせないはんだ付けは得意という人もいます。

地域からの要望が増えているので、人手はいくらでも必要です。関連会社も含めて勧誘していますが、思うように増えません。誰でもできる作業がたくさんあるのですが、理科というと敷居が高いのかもしれません。

週に2日か3日、最大、午前10時から午後5時までで、残業なしを基本に活動しています。このほか週末の教室へ指導に行きます。夏休みなどは教室が集中するので、会員で手分けしても活動日は多くなります。工具を使うので怪我も心配ですし、シニアなので急な体調の変化が起きるかもしれないので、なるべく一人だけで作業するのは避けるようにしてもらっています。

子どもたちに理科教室の感想を聞くと、90パーセント以上が「楽しかった、またやりたい」と答えます。科学への扉を開くきっかけになったらうれしいですね。

会員のみなさん。活動は週に2〜3日、自分の都合に合わせて参加している。

海外駐在で得た国際体験を「財産」として日本の将来を担う子どもたちに出前授業

NPO法人国際人をめざす会

「国際人をめざす会」は、国際経験豊かな講師を学校などに派遣する「出前授業」などのボランティア活動を行っています。会長の山田清實《きよみ》さんと、理事・講師派遣委員長の阿部清さんに、会の目的や派遣先の要請、今後の課題などについてお話を伺いました。

実践的な英語学習をテーマに、神奈川県の中学校で行われた「英語落語」の出前授業。高座に上り、英語による小咄パフォーマンスに挑戦する。

■NPO法人国際人をめざす会
http://cosmoclb.org/

――「国際人をめざす会」のねらいは？

「国際人をめざす会」は、海外生活で蓄積してきた知識や体験、発見などを次世代に伝えようと1999年、駐在経験を持つビジネスパーソンら58人で設立され、2001年にNPO法人として認可を受けました。メンバーは、商社、銀行をはじめとする企業の駐在員経験者や、その家族、教育者などさまざまです。会員数は現在、183人に上ります。

我々の若い頃は海外の情報は非常に限られていました。日本そのものが経済発展の途上にありましたから、海外への憧れも強かった。日本の発展のために、と志を抱いて海外に出た若者も多かったと思います。現在、グローバル化、IT化が進んだことで世界は急速に小さくなりました。世界中の情報や商品があふれ、少子化の影響もあって日本で働く外国人も増え続けています。若い人たちを見ていると、日本にいながらにして海外に行ったような気分になり、物質的に満ち足りていることもあって「なにもわざわざ海外まで行かなくても」と考える傾向があるようです。お隣の韓国や中国と比較しても、海外留学に意欲的な若者は減少しています。商社では海外駐在を辞退する若手も増えているようです。

政治、経済など社会の全てにおいて世界との関わりが深まっている中で、日本がこれからも輝き続けるために、**子どもたちに国際理解、国際交流、多文化共生の視点や素養を持った「国際人」として将来、世界に雄飛してほしい。それが我々の強い願いです。**

――「出前授業」で心がけていることは？

活動の核となっているのが小・中学校、高校や社会人団体に海外経験豊富な講師を派遣

会長の山田清實さん（右）と理事・講師派遣委員長の阿部清さん。山田さんは中近東駐在経験を持つ元商社員で、アラビア語が堪能。阿部さんはヨーロッパ駐在経験を持つ元銀行員で、ドイツ語が堪能だ。

する「出前授業」です。現在、35人の会員が講師登録をしており、その大部分を占めるのが、比較的、時間の融通がきく定年退職後の方たちですが、最近では40代現役の商社員の方も登録しています。授業では一方的に持論を述べるのではなく、子どもたちの興味と関心を高めるため、インタビュー形式やクイズ形式にするなど双方向を心がけます。また、同じテーマでも対象学年によって伝え方を工夫します。子どもたちの反応は非常によく、講師は自分の思いが伝わったという実感や喜びを得ながら、回を重ねるごとに積極的になっていきます。年に2回、「講師の集い」も開催しており、講師同士が互いに研鑽し、情報を共有する場となっています。

――派遣先からはどのような要望がありますか?

出講にあたっては、まず、学校など派遣先からの要望や日程によって講師を選定します。その後、講師が考えたテーマをレジュメやパワーポイントに落とし込み、派遣先に正式に概要を通知します。

2020年度からは小学校5~6年生で英語が正式な教科となり、3~4年生で外国語活動が始まります。そのため最近は、楽しい英語の授業づくりについて先生を対象に話してほしい、という要望が目立ちます。また、道徳の教科化と関連して、「人権」を国際的なフィールドからとらえようとする先生たちも出てきています。私立校では修学旅行先にアジアを中心とした国を選ぶようになり、マレーシアなどのイスラム圏も多いため、イスラム世界をテーマに話してほしいという要望も増えています。こうした文部科学省、教育委員会の動き、そして教育現場のニーズをつかんだ上で派遣先にアプローチすることが不可欠です。**イングリッシュキャンプや、学校が週末に行う国際交流イベントなど、派遣先の多様化も進んでいます。**

――これまでに乗り越えてきたこと、そして今後の課題は？

学校や教育委員会への積極的な働きかけ、さまざまな団体との提携、公式サイトのリニューアルなど、多方面にわたる地道な努力の結果、現在、出講数は年間15回ほどにまで増えています。出講先も首都圏に限らず、東北、九州、北陸地方など日本全国に広がっています。2年前からは、講師自ら派遣先を開拓する「地域コーディネイター制度」も取り入れ、現在、数名の方が地元の学校や教育委員会を担当し、効果が出ています。

一番の課題は、やはり会員数を増やすこと。出講数の増加に伴って、現役の方や女性を中心に講師の登録数も増やしたいですね。講師や理事会メンバー以外の会員の方々に対して何が提供できるかということについても知恵を絞っています。また、出講先からの要望については、小学校では「国際理解」、中学校では「キャリア教育」にテーマが集中しがちですが、我々は多様なメニューを揃えていますし、伝えたいことはたくさんあります。出講のテーマや講師が偏らないようにアプローチの仕方を考えていくことも必要です。

ボランティアの根底にあるのは、人に認められ、人の役に立って喜ばれたいという気持ち、そして達成感です。苦労や悩みもありますが、それすら楽しみに変わっていく。**人生経験を社会に還元することが、我々の役目だと思って日々活動を続けています。**

「世界で働く日本人」をテーマに、岩手県の高校で行われた出前授業。約350人の全校生徒、教職員のほか、保護者も参加した。

大学で教えた経験を活かし、週に4日子どもたちに数学などの学習支援ボランティア

福村好美さん［68歳］

福村さんは54歳のときに会社員から大学教授の公募に応募し、11年間、単身赴任生活を送りながらeラーニングの研究に携わりました。定年退職後は「全ての子どもたちに教育のチャンスを」との思いから、無料の学習塾や公立校の補習教室で講師ボランティアに励んでいます。

PROFILE

ふくむらよしみ●三重県出身。京都大学工学部卒。日本電信電話公社（現NTT）横須賀電気電信研究所、NTTアドバンステクノロジ株式会社を経て、長岡技術科学大学教授となる。定年退職後、2016年にNPO法人「まちの塾フリービー」に参加。長岡技術科学大学名誉教授。博士（工学）。

――定年退職まで、どんな仕事をしていましたか？

日本電信電話公社（現ＮＴＴ）の研究所で、研究グループリーダーとして情報処理システムの研究開発に従事しました。25年ほど勤めた後、関連会社に移り、ネットワークマネジメント事業の仕事をしていたのですが、やっぱりもう一度、研究がしたくなって、新潟県にある長岡技術科学大学の公募に応じ、教授の職を得ました。当時54歳。豪雪地帯で単身赴任生活を送りながら、ｅラーニング（インターネットを利用した教育形態）の研究に携わり、65歳で定年退職しました。

――定年退職後、「無料塾」の講師になろうと思ったのはなぜですか？

教員時代、理系学生でも数学の基礎を十分に理解していない場合があることに気づいたんです。そこから、基礎学力を身に付ける子ども時代に学習支援を必要とする人が結構いるのではないか、と考えるようになりました。さらに、ｅラーニング研究の視察で海外の先進的な教育体制に触れる中で、**家庭環境や親の経済状態に拠らず、全ての子どもがその子に合った適切な教育を受けられるようにするべきだ、という思いが強くなったのです。**

定年退職から1年が過ぎた頃、中高生を対象に無料の学習支援ボランティア活動を行っているＮＰＯ法人「まちの塾フリービー」に連絡を取り、面接を受け、ボランティア講師に登録しました。現在は、フリービーが杉並区で実施している無料塾のほか、フリービーの紹介で公立の小・中学校の補習教室、立川市の無料塾でも講師ボランティアをしています。担当教科は算数と数学ですが、必要に応じて英語も教えます。

■NPO法人まちの塾フリービー
東京・杉並区を拠点とする中高生のための無料の学習塾。
公立小・中学校の補習教室にも講師を派遣している。
http://www.freebee.cc/

基本的に、子どもは小学校3、4年生ぐらいまでは学力にそれほど差はなく、その子にとって必要な時間をかければ、誰でも一定のところまでは必ず理解できるんです。ところが、どこかで一つつまずいて、そのままフォローが受けられないでいると、その後の学習がスムーズに進まなくなり、授業についていけなくなってしまう。当人はどこがわからないのかがわからない。どう勉強すればいいかもわからず、学習意欲もなくしてしまう。特に算数、数学は一つずつ知識を積み重ねていく教科なので、落ちこぼれやすいんですね。

無料塾で子どもの隣に座って数学の問題を解く過程を見ていると、ああ、この子はここがわからなかったんだ、と気づきます。中等教育までの数学は、答えが一つしかないのが面白いところでもあります。答えまでの道筋をどうたどるか、ここさえ越えれば問題はもう解けるぞ、というのがあって、それを実際に子どもの目の前でやってみせると、わあ、と驚くんです。そこで理解して自力で問題が解けるようになると、さらにパッと顔が輝く。**勉強してわかる、ということがこんなに楽しいものなんだ、ということを体験して、それをきっかけに、なくしていた自信も回復していく。見ていて非常にうれしいですね。**

これからの日本では、自分で考える力をつける、という教育が求められます。そのためには、マス(集団)ではなく一人ひとりを見て、その子に合った教え方が必要なんです。私には4人の子どもがいますが、同じきょうだいでも全く違う個性を持ち、成長の過程もペースも驚くほど違う。人間はみんなが同じように成長するわけではないのです。

私自身の子ども時代を振り返ると、中学生の頃は野球少年で塾にも通っておらず、それでも成績はよかったものの、高校1年のときに、数学の実力アップの必要性を強く感じ、

「まちの塾フリービー」主催のイベントで、情報リテラシーについて子どもたちに講義する福村さん。

一念発起して勉強法を変え、数学が得意になったといういきさつがあります。最初から数学ができたわけじゃないので、子どもたちがどこでつまずくか、というのがよくわかるんです。子どもたちに数学の面白さを伝えたい、という気持ちも強いですね。

――フリービーの講師ボランティアはシニアが中心だそうですね。

フリービーは、地域のコミュニティセンターなどで無料塾を開いています。生徒がそれぞれ自分の課題を持ってきて、わからないところを講師がマンツーマンで指導します。学習遅延の子、経済的な事情で塾や予備校に行けない子、不登校、引きこもり、軽度の知的障害がある子、日本語を母国語としない子など、さまざまな子どもたちが集います。

講師の中心はシニア世代。学生ボランティア中心の無料塾が多い中で、これは大きな特徴といえます。子どもたちには、がんばれば自分の力で人生を切り開くことができる、ということを知ってもらいたい。だから、講師には人生経験豊かな大人が求められているんです。講師の大半は教員や塾講師、ビジネスマンだった人たちなので大学入試や模擬面接にも対応できます。海外経験のある講師が多いので、子どもたちがグローバルな視点を持てるのもよいところ。その子にとってのベストとは何かを考えた上で進路指導もします。福祉事務所とも連携して、必要があれば家庭訪問や親のカウンセリングも行います。

子どもたちの、未来に向かって成長するエネルギーというのは非常に強く、そのパワーに触れることで私自身も若返っています。**定年を迎えた頃は、そろそろ人生も終わりだな、と感じていたのに、今では、やることはまだまだいっぱいあるぞ、と思うんです。**

■福村さんの1週間

- 月　エッセイ執筆
- 火「まちの塾フリービー」の講師ボランティア
- 水　公立中学校で数学補習教室の講師ボランティア
- 木　エッセイ教室受講、立川市の無料塾で講師ボランティア
- 金　公立小学校で算数補習教室の講師ボランティア
- 土　休日　日　休日

定年後のために

❷ 学び直しの機会が増えている

シニア優遇策なども充実してきて、資格取得のための勉強や専門知識を大学などの高等教育機関で学べる機会が増えています。通学制の大学院や大学をはじめ、遠隔地にいても通うことができる通信教育までメニューは豊富。ここではその一部を紹介しましょう。

大学・大学院に通う

〈シニア入試枠がある4年制大学と2年制の大学院〉

4年制大学　広島大学　作新学院大学　敬和学園大学　静岡英和学院大学　神戸山手大学　関西国際大学　吉備国際大学　徳山大学　東京基督教大学　同朋大学　長崎ウエスレヤン大学　名古屋芸術大学　身延山大学　など

2年制大学院　広島大学大学院文学研究科　群馬県立女子大学大学院　東京経済大学大学院　明治大学大学院商学研究科　聖学院大学大学院　など

大学の通信教育

距離や学費負担を考えると、もう少し手軽に学べないかと考える人に便利なのが通信教育です。私立大学通信教育協会が加盟している大学・大学院・短期大学を紹介しています。

大　学　法政大学、慶應義塾大学、中央大学、日本女子大学、日本大学など35校

大学院　日本大学大学院、佛教大学大学院、明星大学大学院、聖徳大学大学院など17校

短期大学　大阪芸術大学短期大学部、近畿大学短期大学部、自由が丘産能短期大学、豊岡短期大学など9校

大学の科目等履修生制度

学部生や大学院生が受けている正規科目を、一部または1科目だけ履修できる制度で、2018年の時点では、大学で645、大学院で498の大学で実施しています。独立行政法人大学改革支援・学位授与機構のサイトで、実施している大学の詳細な情報が公開されています。

大学の有料公開講座

早稲田大学オープンカレッジが内容規模ともトップクラスを誇っており、教養・ビジネス・語学・スポーツなど、昼夜合わせて、年間約1,900講座が揃っています。このような公開講座は1講座から履修できるのもあり、便利です。

第3章 定年後の仕事の探し方

仕事をどこで見つけますか?

50歳を過ぎて、新たな仕事を探すには、どんな方法があるのでしょうか。現代では、さまざまな探し方が可能になっています。

　早期退職を希望する人に再就職支援プログラムを付ける企業もありますが、定年退社後は、自力で探す人も多いようです。厚生労働省が行った転職活動の年齢別転職者割合の調査では、ハローワーク(公共職業安定所)などの公的機関を利用した人が多く、縁故(知人・友人)が続きます。そのほか64歳ぐらいまでは出向・前の会社の斡旋、求人情報、新聞・チラシ、企業のホームページなどで仕事を探しています。54歳までの人は企業のホームページでよく探していますが、55歳以降は少なくなる傾向がありま す。職業紹介機関を利用しているのは55〜59歳までで、65歳以降は少なくなります。このほか、シニアに特化した派遣会社に登録して仕事を探す方法もあります。

　定年後に働きたい人は多いのですが、シニアの経験や知識を必要としている会社の中には雇うだけの余裕がないというミスマッチも起きています。また健康や体力に不安を感じるというシニアならではの理由で、雇用に慎重な企業もあります。ただシニアの側も年金という生活費の支えがあるので、フルタイムを希望する人ばかりではありません。パートタイムやワークシェアリングなど雇用形態を工夫している企業も増えてきているので、雇用が進む傾向があります。

■転職活動の方法

単位:%

年齢	公共職業安定所や民間の紹介機関	求人情報誌、新聞、チラシ、企業のHP	企業訪問	出向・前の会社の斡旋	縁故(知人・友人など)
50歳〜54歳	52.1	39.7	3.4	6.0	26.9
55歳〜59歳	46.0	24.6	3.6	16.5	29.8
60歳〜64歳	37.6	11.6	1.7	22.7	25.5
65歳以上	22.5	13.6	3.3	2.7	41.5

データ／厚生労働省「平成27年転職者の実態調査の概況」参考

65歳以上は会社の斡旋が減る

年齢が高くなると、公共職業安定所(ハローワーク)や民間の紹介機関より、縁故で就職先を決める率が高くなっている

■仕事を探すときに利用する方法

- ハローワークに行ってみる
- 派遣会社に登録
- 転職支援会社に登録
- シルバー人材センターに登録
- ネット検索
- 新聞、求人誌、折り込みチラシ

仕事探しの糸口 1

公共の就職支援機関を活用 東京しごとセンターで探す

55歳以上で仕事を探す場合、まずはじめに自治体が関わっている職業案内の機関で情報を集めるのも一つの方法です。多様な支援をしている「東京しごとセンター」の取り組みについて紹介します。

定年後も働く人が増えている

「高年齢者等の雇用の安定に関する法律」（１９８６年）に65歳までの再雇用の義務付け（１９９０年）などの法改正が重ねられ、65歳まで働ける雇用制度が整備されてきて、定年後も働いている人がかなり多くなっています。さらに、その後69歳まで働いている人は、男性は約半数、女性は約３割というデータもあり、その比率は年々高まってきています。

仕事探しを応援してくれる公共機関

東京しごとセンターでは、公益財団法人東京しごと財団と、ハローワークが一体となって、求職者のニーズに対応しています。

求人状況の情報を提供するほか、現在の仕事の状況を踏まえたキャリアカウンセリングを行っており、転職先の紹介だけでなく、自分の職業の適性について、起業・創業、NPO、自営型テレワークなどの多様な働き方まで、さまざまな相談ができます。また社会保険・年金などについての相談も行っているのも特徴です。働いている人でも利用しやすいように、平日は午前9時から午後8時まで、土曜日も午前9時から午後5時までオープンしています。

東京しごとセンターには、ミドルコーナー（30歳以上54歳以下）、シニアコーナー（55歳以上）など年齢別コーナーが設けられています。55歳以上の人は、シニアコーナーで登録します。

就職活動に入る前に、考えておきたいポイントが4つあります。①いくらほしいか？ ②一日何時間、週に何日間働きたいか？ ③何の仕事をしたいか？ ④いつまで働きたいか？です。これは、自分の今後のワークライフバランスを考えることにもつながります。

まずは思い切って相談を

東京しごとセンターでは、就職が決まるま

■就職活動に入る前に考えておくポイント

1. いくらほしいか？
2. 1日何時間、週に何日間働きたいか？
3. 何の仕事をしたいか？
4. いつまで働きたいか？

■東京しごとセンター
東京都千代田区飯田橋3-10-3
総合案内　TEL：03-5211-1571　FAX：03-5211-8301
シニアコーナー　TEL：03-5211-2335
開館時間　平日9:00〜20:00　土曜9:00〜17:00
休館日　日曜、祝日、年末年始
https://www.tokyoshigoto.jp/

で、継続して相談に応じてくれます。なかなか希望の職種が見つからず、迷いながら就職活動を進めているときにも頼りになります。就職相談は、下の図のようなステップで進められます。

履歴書は就職先探しの第一歩。退職まで同じ会社にずっと勤務していた人は、履歴書は新卒採用の頃に書いたきり、職務経歴書なんて書いたこともないという人もいます。そんな人のために履歴書の書き方のコツをレクチャーしています。

またカウンセリングを受けているうちに、自分に補強しなくてはいけないポイントがわかってきます。

シニアコーナーの2017年度の新規利用登録者は約8500人。そのうち就職が決まった人は約2300人。男女の比率は約2対1でした。

東京都内には企業が多く、近隣の県よりも求人が多いので、都内の企業への就職を選択肢に入れて仕事探しをしている人であれば、都民以外の人でも利用することができます。

■就職相談の3ステップ

ステップ1
まず相談窓口でカウンセリングを受ける。初回は30分から1時間くらいかけて、希望職種、週にどれくらい働けるか、年収、月収の希望などに加え、自分の職務経歴も伝える。

↓

ステップ2
就職に必要な知識、技能を身に付ける。履歴書の書き方など就職にあたっての基礎講座をはじめ、さまざまなセミナーや講習を受ける。職種転換のセミナーも開催されている。

↓

ステップ3
仕事を紹介。シニアコーナーはハローワークが併設されており、求人情報の提供、紹介はハローワークが行っている。

55歳以上の人に求人が多い職種とは

以前は65歳くらいまで働きたいという人が多かったのですが、それが70歳となり、今は75歳ぐらいまで働きたいという人が増えています。

マンション管理員、パーキングスタッフ、清掃、調理、病院食などの調理補助、介護、保育補助などが、シニアに求人が多い職種です。

一方、シニア世代が最も希望する職種はデスクワークなのですが、働きたいのであれば、シニアが多く就職している仕事先も視野に入れたほうが、可能性が広がります。

なかには、前職とぴたりと合って経験を活かせる仕事に就けるケースもありますが、これはとてもレアなケースです。求人とのタイミングにもよります。希望する仕事を事務職に限定してしまうと、なかなか就職先を見つけられないことになり、難しい状況が続くことになります。

マンション管理員や清掃などの仕事は、以前からシニアが活躍してきた職場です。特にマンション管理の仕事は、若い人よりも年配の方が住民の対応にすぐれているといわれており、社会経験豊富な人が求められています。また清掃の仕事でもシニアはよく気が付き、真面目に取り組むので信頼が厚く、高い求人倍数となっています。どちらも65歳を過ぎている人でも採用されることが増えています。

当然のことですが、シニアの場合も職種によって求人には波があります。介護関係はとても人手不足なので、常に高い求人倍率になっています。

そのほか保育園の保育補助の仕事のニーズが高まっています。保育士の資格を持っていなくても、もちろん働くことは可能です。女性だけでなく、男性も働いています。保育園で子どもたちが使う布団の片付けなどの仕事もあり、男性の力も求められています。

シニアの再就職の特徴は、豊富な経験を持っていて、それをフルに活かして同じ仕事をするケースと、経験を活かしつつ接客など類似の業種を選ぶ人、全く違う業種を選ぶという3つのパターンに分かれています。

前職と違う職種に就職している人も少なくありません。

■仕事を見つける3つの心得

1 自分を見つめ直す

2 前職にこだわらない

3 見栄やプライドを捨てる

就職に直結する「就職支援講習」

定年後、自分は新しいジャンルの仕事をやっていけるのかどうか迷う人も少なくないようです。そこで、東京しごとセンターは関係団体と協働し、さまざまな「55歳以上の人のための就職支援講習」を開講して、バックアップしています。マンション管理員は15日間、コンビニエンスストアスタッフは8日間、警備スタッフは8日間、病院食調理アシスタントは9日間、保育補助は13日間などの講習があります。

介護スタッフの場合は、訪問介護員として一般の家庭で働く上での注意点、生活援助や基本的介護技術を学んだ後、30日間の全日程の講習に出席し、筆記試験に合格すると、介護初任者資格が取得できます。資格を取得すると、時給アップにつながります。

講習終了後には受講した人に向けた合同面接会を開いています。65歳までずっとデスクワークだった人が講習を受けて、新しい仕事に就職する率が高くなっています。就職に結びつく講習となっています。

仕事探しは早めにスタートを

55歳以上の人の再就職で資格が必要なケースはほとんどありません。企業がほしいと考えているのは、その人がしてきた仕事の経験です。資格と経験がある人は鬼に金棒ですが、資格があるだけで雇ってもらえるかというと、なかなか難しいようです。

再就職の準備は、60歳になったら、60歳なりの準備をするのではなくて、60歳になったときを見据えて、55歳くらいから5年ほどかけて準備に取りかかることをお勧めします。50歳過ぎで会社を辞めて、清掃の仕事を選び、現在は責任者になって活躍している人もいます。これは、早めに退職して、新たな仕事でキャリアを積んでいけるという一例です。

65歳まで再雇用制度があるからまだ先のことだと考えず、将来への準備は早めのスタートがカギなのです。

東京しごとセンターの再就職応援セミナー

コンビニ業界で働く

東京しごとセンターでは、求職中の人に向けて、利用者のさまざまな業種への再就職体験談を聞く「再就職応援セミナー」を随時開いています。

シニア人材を求めているコンビニ業界

需要が高まるコンビニスタッフのセミナーで、株式会社セブンイレブンジャパン東京ゾーン総務担当マネージャーの小林誠さんと、50代でコンビニ業界に転職したHさんの体験談を聞く機会が設けられました。シニアの求職者の関心が高く、会場は満席でした。

「セブンイレブンは、全国46都道府県に2万店を超える店舗を出店。東京都内だけでも約2600店あります。年中無休で24時間営業しているので、規模にもよりますが、1店舗につきスタッフが10～20名必要です。アルバイトの年齢層は10代から70代までと幅広く、東京の場合50歳以上のスタッフが1割以上います。今後も出店を続けるので、シニアの方たちにももっと活躍していただきたいと考えています」(小林さん)

セブンイレブンは、直営店が1％程度で、ほとんどがフランチャイズ契約のオーナー制度を取っています。アルバイトで仕事を覚えて社員になり、オーナーになる道もあります。オーナーになれる年齢は59歳以下で、15年契約となっています。前職が小売業の人は2割強程度で、さまざまな業種の人が転身しています。誰にでも経営できるシステムをつくり上げているので、小売業の経験は特に必要ありません。

二人体制のシフト勤務なので安心

都内の店で働くHさんは、51歳でコンビニ業界に転職して、約10年。きっかけは、家族の介護をしていたために、家の近くで働けることからでした。

「現在は、週6日働いています。コンビニの仕事は、レジ業務、納品の確認、品出し、清掃など幅広い業務があります。そのほか公共料金の支払いや各種チケットの受け取り、コーヒーやおでんを出すなどもあって大変そうといわれます。でもレジの画面には次に何をすればいいか表示されるので、覚えてしまえばスムーズにできるようになります。またレジには〝助けてブザー〟があり、それを押すと従業員が来てくれるしくみになっています。セブンイレブンの店舗は必ず二人体制を取っていて、どちらか一人がレジ業務などに詳しいスタッフを入れるようにしてシフトを組んでいるので、心配しなくても大丈夫です」とHさん。

「シニアを採用する店舗はどこで探したらよいかという質問がありますが、ホームページで店舗検索をしていただくとアルバイト採用情報が確認できます。または、店舗に貼り出されている求人案内のポスターをチェックしてください」(小林さん)

身近に数多くあるコンビニ。発想転換をすれば、仕事が見つけやすい業界だといえるでしょう。

仕事探しの糸口 2

シルバー人材センターで探す

シルバー人材センターは1974年に施行された「高年齢者等の雇用の安定等に関する法律」に基づき、原則として市区町村ごとに設置されている公益法人です。多摩市シルバー人材センターの取り組みを事務局長の竹中勝幸さんに取材しました。

60歳以上が会員になれるシルバー人材センター

シルバー人材センターは、行政や企業や個人、公共団体など幅広い依頼先から高齢者にふさわしい臨時的・短期的な業務、また軽易な仕事を引き受けて、会員である高年齢者に仕事を提供している公益法人です。

地域ごとに設置され、基本的には独立採算の団体なので、補助金や会員からの年会費と、仕事先からの手数料で運営しています。

シルバー人材センターに入会できるのは、原則60歳以上の人で、定年は特に決まっていません。全国に1291団体あり、会員数は約71万8千人。会員の平均年齢は男性72・4歳、女性71・8歳、全体では72・2歳となっています(2017年3月末)。シルバー人材センターが発注した仕事の件数は354万件で、仕事の契約金額は3136億円に上ります(2016年)。

多摩市シルバー人材センターには、約９００人が入会しています。シルバー人材センターは一般的な職業紹介所とは違い、仕事は月に80時間を超えないという上限があります。会員は、主に定年を過ぎて退職した人などです。

自分の能力をこれからも活かしたい、働くことで生きがいを得たい、自分が住んでいる地元で何か社会貢献ができる仕事をしたい、地域に恩返ししたいという人が多いようです。

仕事の希望は、週に2～3回、１日４～5時間の勤務を希望する人が多く見られます。収入はだいたい月に5万円前後なので、10万円以上の収入を得たいと考えている人は、ハローワークなどでフルタイムの仕事を探したほうがいいでしょう。

仕事の請け方は2種類

従来、シルバー人材センターでの働き方は、全て請負という形をとっていました。請負はそれぞれのセンターが契約主体になります。地方自治体や企業などから各シルバー人材センターに委託され、その業務を会員が請負の形で行います。

たとえば駅前の自転車置き場の整理をする仕事がありますが、これも請負の仕事です。会員数人でチームを組み、現場で作業を行います。請負仕事の場合、きちんとしたマニュアルが確立されていて、そのマニュアル通りに行っているので、仕事そのものは難しくはないように考えられています。

「請負という働き方は、特殊性があるかもしれません。会社員をしてきた人は雇用と

■多摩市シルバー人材センター
東京都多摩市桜ヶ丘4-40-1
TEL：042-371-3580　FAX：042-371-3619
営業時間　月曜～金曜　8：30～17：15（祝日を除く）
https://webc.sjc.ne.jp/tamasi-sc/index

いう働き方に慣れていて、請負で働いたことのある人は少ないようです。請負は自分たちで全て判断をしますし、最後まで仕事を完遂する働き方です。はじめにていねいに説明をすれば、みなさん理解されます」

植木の剪定などスキルのいる職種では、各地区のセンターにもよるようですが、シルバー人材センターではまずは見習いから始めて、十数時間の実地経験を経て、ランクを上げていけるような制度が整っています。

3年間で次の人にバトンタッチ

全国のシルバー人材センターの派遣業務の中で一番多い仕事の依頼は、車の送迎業務。営業車のドライバーの経験者の場合、現役時代のようなハードな仕事はしたくないけれども、地域内を運転する仕事だったらと引き受ける人もいます。

「多摩市シルバー人材センターの請負業務で会員に最も人気があるのは公共施設などの受付業務で、この仕事は日中に限らず、夜の体育館使用の受付もあります。身近なところで地域の役に立ちたいと考えている人が多いことが応募状況に表れています。定年は特に決められておらず、80代で働いている人もいます」

多摩市シルバー人材センター側からも、求人を出してくれる企業や団体を積極的に募集しています。求人が決まると、会員向けの月報に掲載するなどして全員に告知します。ただシルバー人材センターの場合、会員に広く働く機会を提供するため、どんなにやりたい仕事であっても同じ人がずっと同じ仕事をすることはできない決まりがあります。同じ仕事を担当するのは約3年間で、満了すると次の会員に代わります。

シルバー人材センターで派遣業務が始まる

企業に出向いてそこのスタッフの指示を受けながら働くことは、これまでの請負という働き方ではできなかったのですが、ニーズが高まってきたため、多摩市シルバー人材センターでは、２０１５年から派遣業務を始めました。全てのシルバー人材センターで取り組んでいるわけではないので、派遣事業についてはまだあまり認知されていないかもしれません。

多摩市シルバー人材センターの場合、運輸会社から依頼され、早朝の荷物の仕分け業務にも会員を派遣しています。「シニアスタッフは、真面目に働いてくれるので信頼が厚く、かなりの数の仕事が来ています。仕事が早い時間で終わるというのも会員には好評の仕事です。またマンション管理人や地域のデパートのお中元お歳暮の受付などの依頼も増えています」。派遣という働き方が始まってから仕事の幅が広がり、経理補助、営業事務など事務系の仕事も増えているようです。

職群で会員をグルーピング

「60歳以上の人たちに仕事をしてもらっているわけですが、常に仕事は高い品質を保証することが求められます。そのための仕組みを整えています。チームでやる仕事、一人就業の仕事もあります。チームで行う請負業務では、チームの中でリーダー的存在を決め、リーダー・サブリーダー制を取っています」

ここのセンターでは公共・指定管理、学校管理、民間、住宅管理組合、緑樹管理、地域支援・独自、シルバー派遣の7つの職群に分けています。事務局は職員が担当しますが、それぞれの職群の理事を会員の中から選び、運営に参加する業務執行体制を取っているところが特徴です。

リーダーになった人たちに向けては、新任リーダー研修が行われ、リーダーの役割を共有します。職群別リーダー会議も定期的に実施しています。7つの職群の全就業先のリーダーとサブリーダーを対象にした就業品質向上研修も行われています。

「仕事の連絡は、全ての就業先のリーダーにスマートフォンを貸与して、通信アプリ『LINE』を利用してチームのメンバーに伝える仕組みを整えました。事務局からの連絡事項もLINEで送ります。LINEだと既読がわかるので、とても便利なのです。意外に思われるでしょうが、仕事で絶対必要だとなると、きちんと研修を行えば、みなさん操作を覚えてスムーズに使いこなせるようになります」

スキルアップの機会も豊富

昨今、人手不足が深刻な職種が増えているため、多摩市シルバー人材センターには年々仕事の依頼が増加しています。会員を拡大するため毎月入会説明会を開いています。最近は女性の会員の拡大にも力を入れています。

「説明会に参加した人から一番多い質問は、請負という働き方のイメージがわからないということです。サラリーマンとしてフルタイムで、月給制で働いてきた方は働き方の違いにとまどわれるようです」

説明会で現役で仕事をしている会員から「会社を退職して、ここに入会して、こんなふうに働いている」などと体験談を話してもらうのが、入会を考えている人に一番響くようです。

また会員にはさまざまな職種の就業支援講習が開かれているので、希望の職種を選んで受講できます。人材不足の仕事も少なくなく、仕事を選ばなければ就業できる可能性が高いようです。仕事をすることによって、自分が住んでいる地域のために貢献でき、若干の収入が得られ仲間もできると、喜んで働いてくれている人が多いといいます。

年金で暮らせていて、お小遣い程度の収入を得たいと考えている人にとっては、バランスのよいワークライフを過ごすことができるのではないでしょうか。

■シルバー人材センターの主な仕事

請負＆派遣

事務	一般事務、営業事務、経理事務など
販売	販売員などの接客販売業務
サービス	個人宅の屋内清掃や家事援助、育児支援 家具移動、片付け、網戸の張り替えなど 病院・施設の調理補助、介護に付随する業務など
施設管理	公共施設、学校関係、民間企業などの施設管理 マンションの窓口業務など
清掃	公共施設、ビル、団地などの屋内外の清掃
植木管理・草取り	マンション、団地、個人宅の植木管理・剪定・草刈り・草取り業務
大工仕事	家具修理、表具・表装など
運搬・整理	駐車場・駐輪場の整理、放置自転車の運搬、カートの管理
輸送	車での送迎
その他	刃物とぎ、パソコン・スマホ講習、ポスティング業務 表彰状・卒業証書などの筆耕など

放置自転車管理業務の仕事

放置自転車の管理は、会員が市と協力しながら行う請負業務の仕事です。どんな仕事の流れなのかを伺いました。

多摩市シルバー人材センターの事務所の隣の敷地に放置自転車の保管場所があります。多摩市から業務委託を受けている7名のチームが、市と協力しながら放置自転車の保管と返還を行っています。当日勤務していた南澤和美さん(70歳)と島田香さん(68歳)にお話を伺いました。

「行政サービスの一端を担っているという意識はみなさん持っていると思います。仕事はつねに二人体制でしています。運ばれてきた放置自転車の防犯登録や車体番号などをチェックしてパソコンのリストに入力。登録が終わったら、もう一人が間違いがないようにダブルチェックしています。引き取りに来た人から2000円を支払ってもらい、返却します」(南澤さん)

メンバーは、毎月はじめに登録されている台数と、保管されている台数が合っているかどうかをチェックしています。保管期間の60日が過ぎると、撤去チームが引き取りに来て、処分されます。

「仕事のシフトは、リーダーがベテランの人と新人がペアになるように組みます。それぞれの希望もある程度考慮してくれます。うちのチームには、68歳から80歳までい

自転車管理を担当する南澤さん(右)と島田さん(左)。

て女性も一人います。シフト制なので、同じチームのメンバーでも1～2か月会わないこともあります」(南澤さん)

「自転車がなくて困らないのかなと思いますが、安い自転車を買える時代ですから、引き取りに来ない人もいますね。待っているのが私たちの仕事です」(島田さん)

会員になった動機を伺いました。

「現役時代は飲食関係の仕事でした。地元の友人から聞いて、ぜひ働きたいと思い入会しました。この仕事を始めて1年2か月。朝8時から17時までの9時間勤務で月に7日ほど働いています」(南澤さん)

「68歳まで再雇用で働きましたが、その後社会と少しでもつながりを持っていたいと思い入会しました。政府系の金融機関にいたので、お金のことは得意です。パソコン入力業務にも抵抗はありませんでした。家にずっといるのではなく仕事をするとなると、自分の中に緊張感が生まれます」と島田さん。

お二人とも徒歩通勤で、勤務は月に6～7日。休日の過ごし方は「妻と買い物に行ったり、散歩をしています」(南澤さん)、「以前は野球、今はソフトボールチームのメンバーで練習」(島田さん)。シルバー人材センターの仕事は、家の近くで働けるのがメリット。メリハリのある毎日を送っているようです。

会員からのコメント

庭木の剪定が喜ばれて嬉しい

緑樹管理の庭木班のリーダーをしています。一般の家庭の庭木の剪定をするので、常にお客様の要望を聞き、仕事をしています。リピーターも多いので、信用を築いていくようにいつも心がけています。剪定を終えて、喜んでもらったときの顔が一番の喜びです。

(K・Fさん)

窓口業務をしています

十数年間のブランクの後、70歳を超えてから仕事を再開しました。少し経験のあった窓口業務に就いて、3年目。常に明るい笑顔とあいさつを心がけています。職場のメンバーはみんなすばらしい人たちで、チームワークも抜群。仕事を円滑に進めることができています。

(N・Hさん)

仕事探しの糸口 3

50代からの職業訓練

仕事を探している人が受けられる職業訓練の制度があります。それまでの経験に新たな知識やスキルを身に付けて、再就職に役立てられるように実施されています。

雇用保険受給中の人が受けられる公共職業訓練

国や地方自治体が就職支援として実施している職業訓練には、大きく分けて「公共職業訓練」と「求職者支援訓練」の2つの制度があります。公共職業訓練は雇用保険の受給資格がある人に向けたもの、求職者支援訓練は主に雇用保険が受けられない人に向けた職業訓練です。

公共職業訓練の内容は、IT技能・製造関連技術・経理・介護など多岐にわたります。講習期間は3か月~1年(東京ハローワークの場合)です。民間への委託で実施しているものもあります。どちらも原則無料(テキスト代などは自己負担)で受けられます。年齢制限がある場合もありますが、年齢制限がないコースが多く、一部中高年者に向けた講習もあります。

申し込みはハローワークを通じて

公共職業訓練は、各都道府県などが実施しています。受講するためには、ハローワーク（公共職業安定所）を通じて申し込む必要があります。ハローワークに登録して受給者資格を得てから、キャリアコンサルティングを受けますが、その相談の中で、キャリアアップできる講座を勧められることもあるようです。これまでの仕事の経験を活かし、仕事の幅を広げられるコースや、職種転換も視野に入れて選ぶ人もいます。まず募集している公共職業訓練の概要を確認してみるとよいでしょう。募集内容や時期などは各自治体のホームページなどで確認することもできます。

■公共職業訓練 申請の流れ

受講対象者　雇用保険受給資格者など求職中で再就職を目指す人

1. ハローワーク（公共職業安定所）に求職申し込みをして登録。雇用保険の受給者資格を得て、キャリアコンサルティングを受ける
2. 訓練内容・期間、募集時期を検討し、受講したい講習を選ぶ。職業訓練説明会も開かれている
3. ハローワークに相談する
4. 必要書類を整えて、受講の申し込みをする
5. 書類選考、筆記試験、面接などを受ける（講習内容により変わる）
6. 合格。ハローワークの受講指示（または推薦）を依頼、手続きを行う

求職者支援制度を利用して受講できる人も

職業訓練はハローワークで受講の必要性を判断して決めるので、希望の講習に不合格となることもあります。その一方で定員割れすると、開講中止になる場合もあります。

公共職業訓練を受講したいにも関わらず雇用保険の受給資格がない人もいます。失業給付中に仕事が見つからず、引き続き仕事を探している人などです。一定の条件を満たせば、国の求職者支援制度による職業訓練受講給付の対象となる場合があるので、ハローワークに早めに問い合わせることが必要です。

東京都の高年齢者向けの訓練コース

公共職業訓練ではありませんが、東京都の場合、高年齢者向けの訓練コースを開講しています。ここでの高年齢者とは、おおむね50歳以上ですが、5歳の幅を持たせて、45歳以上を対象としています。居住地域のハローワーク経由で申し込みます。

この職業訓練の期間は、約3～6か月が多く、高年齢者向けに設定されているので、高年齢者が比較的就職しやすい職業の訓練だといえます。

公共の職業訓練を上手に利用して仕事の幅を広げたり、新しいスキルを身に付けて、セカンドキャリアに活かしていきたいものです。

■高年齢者向けの訓練コース（例）

- 庭園施工管理科
- ビル管理科
- 設備保全科
- 電気設備管理科
- 電気設備保全科
- ホテル・レストランサービス科
- クリーンスタッフ科
- 生活支援サービス科
- マンション維持管理科
- 施設警備科

第4章 シニアの仕事と資格紹介

キャリアコンサルタント

どんな仕事？

求職者のキャリアを支援する

キャリアコンサルタントは、就職活動をしている社会人や学生などに対して本人の適性や職業経験に応じて、職業の選択、キャリアの設計に効果的なキャリアカウンセリングを行い、その人の能力や魅力を引き出す支援を行う専門家です。1対1、または数名のグループで行うこともあります。企業の人事・教育関連部門、ハローワークなどの公的就業支援機関、人材紹介・人材派遣・再就職支援会社、大学のキャリアセンターなど幅広い分野で必要とされており、活躍の場が広がっている仕事です。

シニアのための＋α

2018年度のキャリアコンサルタント試験の合格率は、学科試験54.3％、実技試験72.7%。学科試験と実技試験の同時受験者の合格率は51.2%という結果でした。この資格は、企業の人事業務担当者が社内の仕事に必要で取得するケースもあります。シニアの場合はセカンドキャリアを考えて自ら在職中に講習を受講して受験している人も少なくないようです。

■達成への流れ

厚生労働大臣が認定する講習を修了
または相談業務に3年以上従事

↓

キャリアコンサルタント試験
（年数回、学科試験・実技試験）

↓

キャリアコンサルタントとして登録

どうしたらなれる？

２０１６年より国家資格となりました。キャリアコンサルタント試験には学科試験と実技試験（論述・面接）があり、年に数回実施されています。受験資格を得るためには、指定された講習実施機関で厚生労働大臣が認定する講習を受講し、合計約１５０時間程度の講習を修了することが必要です。通学のほか一部通信による受講が認められています。キャリアコンサルティングに関する3年以上の実務経験がある人は、講習が免除されます。

ポイント

今までの仕事の経験を活かして
活躍できる人気の職業

産業カウンセラー

シニアのための＋α

産業カウンセラーは、50代、60代の人も活躍できる仕事です。産業カウンセラー試験の合格率は60%後半～70%前半となっています。現在産業カウンセラーの養成講座は、雇用保険の一般教育訓練給付制度の対象となっているため、要件を満たす人の場合は、申請すると講習にかかる費用の一部が給付されます。ただし後期高齢者になる人の場合は、受給対象外です。

どんな仕事？

従業員の心のケアを行う民間資格の心理職

産業カウンセラーは、企業などで仕事の問題を抱えていたり、人間関係やストレスなどに悩む従業員の話を聞き、心のケアを行う専門家です。専門領域は「メンタルヘルス対策」「キャリア開発」「職場における人間関係の開発」。心理学的な手法を使って相談室で話を聞くだけでなく、職場に出かけてカウンセリングや研修などを行います。自らが問題を解決できるように援助すると同時に、従業員の心の健康と生産性の高い職場の組織づくりを支援します。国や自治体、企業などからのニーズが高い仕事です。

どうしたらなれる？

産業カウンセラーは一般社団法人日本産業カウンセラー協会が認定する心理職の民間資格です。同協会の産業カウンセラー養成講座を受講すると受験資格を得られます。通学制（約7か月）、通信制（約12か月）があり、理論や演習を通してカウンセリングを学びます。卒業者は受講修了後、毎年1月に1回行われる産業カウンセラー試験を受けます。大学院研究科で心理学関係の課程修了による受験資格は２０１６年で廃止されました。

■達成への流れ

産業カウンセラー養成講座を修了

↓

産業カウンセラー試験（年1回）

↓

産業カウンセラーとして登録
（5年ごとの更新が必要）

ポイント

企業の労働状況を踏まえて
従業員の心のケアを行う仕事

中小企業診断士

シニアのための＋α

中小企業診断士試験は人気があり、多くの受験者がいますが、超難関の国家資格です。資格を持つ人材を企業や団体が募集することもありますが、シニアの場合は、年齢的に採用されるのは厳しいのが実情です。定年後の独立を目指して準備を進める人も多いようです。それまでの経験を活かして、自分の強みの分野を打ち出すなどの工夫が必要です。

どんな仕事？

中小企業の経営を支援する

中小企業診断士は、中小企業支援法に基づき、経済産業大臣が登録する国家資格です。その仕事は、中小企業の経営事情を精査しながら診断を行い、現状を踏まえて課題への経営戦略を提案する専門家です。また、企業と行政、金融機関をつなぐパイプ役を務めたり、企業に対して適切な施策の活用支援なども行います。各都道府県や政令指定都市に設置されている中小企業支援機関に依頼される中小企業の診断を行うこともあります。企業や団体に所属している人が多いですが、独立開業する人もいます。

どうしたらなれる？

中小企業診断士試験は、一般社団法人中小企業診断協会により年1回、全国数か所で実施されます。1次試験は筆記、2次試験は筆記と口述試験です。2次試験が不合格の場合、受験資格の有効期間が合格年度を含み2年間あります。2次試験に合格後、実務補習を15日以上受けるか、15日以上の診断実務に従事することが必要です。実務補習を修了した後、中小企業診断士として登録されます。5年ごとに登録更新が必要です。

■達成への流れ

設置コースのある資格学校または独学で勉強

↓

中小企業診断士試験（年1回、1次・2次試験）

↓

15日以上の実務補習を受けるか、診断実務従事が必要

↓

中小企業診断士として登録（5年ごとの更新が必要）

ポイント

中小企業の経営のために働く仕事。独立開業を目指す人も多い

社会保険労務士

どんな仕事？

人事と労務のプロフェッショナル

社会保険労務士は、社会保険労務士法によって定められた国家資格です。労働社会保険関連の法令に基づき、企業や団体の従業員の健康保険や雇用保険などの書類を作成したり、申請書の申請代行、事務代理などをします。そのほか労働者名簿や賃金台帳、就業規則をつくることもあります。企業経営に必要な人事労務管理、たとえば賃金制度、雇用制度、退職金制度、年金などに関する相談にコンサルタント的な立場でアドバイスすることもあり、人事・労務・経営面でさまざまなサポートをします。

どうしたらなれる？

年に1回実施される社会保険労務士試験に合格し、登録します。試験の科目は10科目以上で、合格率は数パーセントという難関の資格です。受験資格は、学歴だけでなく、公務員として行政事務に従事した経験、社会保険諸法令の実施事務や、社会保険労務士法人に従事した期間が通算3年以上あることなど、職務経験についても定められています。この分野の仕事をしている場合、在職中に取得して仕事に役立てている人もいます。

■達成への流れ

設置コースのある資格学校
または独学で勉強

↓

社会保険労務士試験(年1回)

↓

合格後、実務経験のない人は労働社会保険諸法令関係事務指定講習を修了
または2年以上の実務経験を積む

↓

社会保険労務士として登録

シニアのための＋α

社会保険労務士は難関の国家資格の一つですが、合格すればシニア世代が活躍できる仕事です。自宅で始めることもできるので、低予算での開業が実現できます。2次試験まで合格した後、実務経験のない人は、実務経験を積むか、全国社会保険労務士会連合会の主催する労働社会保険諸法令関係事務指定講習を一定期間受講します。講習修了後に登録されます。

ポイント

年齢に関係なく資格取得できる。
自宅で独立起業することも可能

不動産鑑定士

どんな仕事？

不動産の適切な価値を評価する

不動産鑑定士は、立地条件や築年数、法律や都市計画、景気など、さまざまな要素によって変動する土地や建物の経済的価値を、適正に鑑定評価するエキスパートです。実地調査や取引事例の調査、地元不動産業者に出向いてヒアリングするなど、多くの情報を集めて分析・検討し評価額を決定します。国や都道府県が行う地価調査業務なども行います。専門家の視点で、不動産を取り巻く状況や変化などを調査・分析し、不動産の有効活用などに関するコンサルティングも行います。

シニアのための＋α

不動産鑑定士試験に合格するためには、高い専門性の勉強をしておくことが求められます。2017年度不動産鑑定士試験の合格者は106名で、50歳以上の合格者数は全体の4.9％です。若い年齢層の合格者が目立ちます。しかし、地価公示や相続税・固定資産税標準宅地評価など、公的機関からの定期的な仕事依頼も期待できます。また独立開業を目指しやすい傾向がみられます。

■達成への流れ

設置コースのあるスクールなどで勉強

↓

不動産鑑定士試験
（年1回、短答式試験・論文式試験）

↓

実務修習

↓

修了考査

↓

不動産鑑定士として登録
（5年ごとの更新が必要）

どうしたらなれる？

国土交通省土地鑑定委員会が実施する国家試験、不動産鑑定士試験に合格する必要があります。試験は、短答式（マークシート）及び論文式の二段階で行われます。試験に合格した後、実務修習を修了し、国土交通省の不動産鑑定士名簿に登録されると、はじめて不動産鑑定士として活動できます。活躍の場は、不動産鑑定士事務所や不動産会社、金融機関の鑑定部門など幅広く、独立開業もできます。

ポイント

不動産の売買、賃貸借などには不動産鑑定士の鑑定評価が必要

行政書士

シニアのための＋α

行政書士試験の2017年度の合格率は15.7％で、難関の資格といえます。50代の受験者は全体の19％、60代の受験者は全体の9.7％。50代の合格者は全体の15.9％、60代の合格者は全体の7.7％。最年長の申込者はなんと93歳だったそうです。合格すれば独立開業を目指すことが可能で、年齢に関係なく働けることから、人気が高い仕事なのです。

どんな仕事？

書類の作成や法律相談

行政書士は、顧客から依頼を受けて、官公署に提出する書類を作成したり、提出手続きを代行するのが仕事です。契約書などの権利関係の書類や事実証明に関する書類の作成も行います。依頼者に書類作成についてアドバイスを行うなど相談業務も行い、身近な町の法律家として、市民と行政をつなぐ役割も担います。建築業許可、農地転用許可、会社設立許可などの申請、自動車登録手続き、会社の定款、遺産分割協議書の作成など、行政書士が取り扱える業務の種類が多く、幅広く活躍ができます。

どうしたらなれる？

行政書士法で定める国家試験、行政書士試験に合格する必要があります。一般財団法人行政書士試験研究センターが試験を実施しています。試験では、行政書士の業務に必要な法令や、政治・経済・社会などの一般知識から出題され、法的思考力や理解力が問われます。通信講座やスクールなどで、試験合格に必要な知識を身につけることが重要です。資格取得後は独立開業も可能で、自分のペースで仕事ができます。

■達成への流れ

設置コースのあるスクール、通信講座などで勉強

↓

行政書士試験（年1回）

↓

行政書士として登録

ポイント

行政書士が扱える書類は数千種以上。得意分野を設定する人も多い

消費生活アドバイザー

シニアのための＋α

消費生活アドバイザー資格試験に合格するためには、消費者問題や法律・生活知識まで、幅広い分野について本格的な受験勉強をする必要があります。合格率は約20%と難易度が高い資格ではありますが、最近需要が増えているので、就職に有利な資格といえます。平均年収は約150万円。キャリアや消費者感覚を活かし、資格取得を目指すシニアが増えています。

どんな仕事？

消費者と企業のパイプ役

企業のお客様相談室や行政機関の消費生活相談窓口などで、消費者の苦情や相談に応じ適切なアドバイスをしたり、消費者の意向を企業経営や行政の消費政策に反映させるなど、消費者と企業、行政などとのかけ橋の役割を果たす仕事です。顧客対応、広報活動、消費者向けのパンフレットや商品マニュアルづくり、安心安全な商品開発など、仕事内容は多岐にわたります。組織をあげて資格取得に取り組む企業も増え、有資格者は累計約1万6000人（2017年度）。50歳以上の合格者は全体の約15％です。

■達成への流れ

独学、または通信講座などで勉強

↓

消費生活アドバイザー資格試験（年1回）
1次試験（択一・○×式）
2次試験（論文・面接）

↓

消費生活アドバイザーとして登録
（5年ごとの更新が必要）

どうしたらなれる？

（一財）日本産業協会が実施する、消費生活アドバイザー資格試験に合格する必要があります。合格すると、内閣総理大臣及び経済産業大臣の認定する消費生活アドバイザー資格と、国家資格の消費生活相談員資格が取得できます。合格者の半数以上が利用する資格試験対策として、協会主催で産業能率大学が運営する、消費生活アドバイザー通信講座があります。資格有効期限は5年で、資格更新には更新研修の受講が必要です。

ポイント

消費生活アドバイザー試験は、
消費生活相談員資格試験を兼ねている

ファイナンシャル・プランニング技能士

どんな仕事？

資産相談に関する専門家

ファイナンシャル・プランニング技能士は、顧客の資産に関する相談に応じるのが仕事です。家計管理や資産運用、相続についてなど、暮らしのお金にまつわる幅広い相談に乗り、資産形成・生活設計のアドバイスを行います。ファイナンシャル・プランナーは職業の名称で、資格は必須ではありませんが、ファイナンシャル・プランニング技能士の資格を所有していることが一般的です。銀行や保険会社、証券会社などに勤務する人に資格取得者が多く、独立してセミナー講師を務める人もいます。

シニアのための＋α

ファイナンシャル・プランニング技能士の場合、50代以上の資格取得者は、全体の約40%で、シニアに人気の資格の一つといえます。定年を見据えた再就職の武器として、あるいは資産運用や生きがいづくりにも役立つ資格です。独立開業を考えている人は、1級ファイナンシャル・プランニング技能士の資格取得を目指すようにしたほうがよいでしょう。

■達成への流れ（3級の例）

独学、または通信講座などで勉強

↓

3級ファイナンシャル・プランニング技能検定試験
（年に数回、学科試験・実技試験）

↓

ファイナンシャル・プランニング技能士の資格取得

どうしたらなれる？

厚生労働大臣の指定を受けた、一般社団法人金融財政事情研究会、または特定非営利活動法人日本ファイナンシャル・プランナーズ協会が実施する、ファイナンシャル・プランニング技能検定試験に合格する必要があります。ファイナンシャル・プランニング技能士には1級、2級、3級があり、それぞれ学科試験と実技試験が行われます。一部合格の場合、翌々年度末まで当該合格した試験は免除されます。

ポイント

複数指定試験機関方式で、
2つの団体で取得できる資格は同一

シニアライフアドバイザー

シニアのための＋α

シニアライフアドバイザーの養成講座では、人間の加齢に関わる諸問題を総合的視野に立って解決するジェロントロジーの基礎理論を学ぶことができます。自分自身のエイジングを学んで能力を活用しようと資格を取得した人が、地域でシニアライフアドバイザー活動をするNPO法人などにボランティアとして参加して、活動を展開していることが多いようです。

どんな仕事？ 中高年の生活に関する相談を受ける

シニアの自助自立の支援を目的に設立された、一般財団法人シニアルネサンス財団の事業で、シニアの生活全般に関する相談に応じるのがシニアライフアドバイザーです。財団設置の電話相談に応じ、高齢者の生活の拠り所となる健康・生きがい・経済的基礎の安定などについて助言します。財団主催の「シニア生き生き教室」の企画や講師、行政や各種団体と連携した、シニアネットワークづくりなどにも関わります。活動は全国で展開、ボランティアが主ですが、謝金や必要経費が支払われることもあります。

どうしたらなれる？

（一財）シニアルネサンス財団が主催する養成講座を修了し、資格試験に合格する必要があります。養成講座には8日間の通学講座（開催地は年度により異なる）と通信講座があり、両講座とも事前に論文審査と面接審査（電話またはメール）が行われます。通信講座には、全国7都市で開講されるスクーリング、体験学習も含まれます。資格取得後は、地域のシニアライフアドバイザーの活動団体に参加するなどして、活躍できます。

■達成への流れ

財団主催の養成講座（通学・8日間）に参加または通信講座修了

↓

シニアライフアドバイザー資格試験

↓

シニアライフアドバイザーとして認定

ポイント

高齢者の自立、社会参加、社会貢献を柱に活動を展開する

コーチングコーチ

どんな仕事？　人の能力を開発する手伝いをする

コーチングとは、電話やスカイプ・対面での対話により、クライアントの達成したい目標や、解決したい問題を明確にし、そのために必要なスキルなどの気づきを与え、成果を出すコミュニケーションの技法です。コーチは、話をよく聞き、承認し、クライアントが答えを出せるような質問をして、自発的な考えによる行動を促し、目標達成のサポートをするのが仕事です。パーソナルコーチング、ビジネスコーチング、エグゼクティブコーチング、教育コーチングなど、さまざまな分野でニーズがあります。

シニアのための＋α

認定試験に合格し、プロコーチに認定された後、コーチングを仕事にしていくためには、クライアントを獲得する必要があります。得意な分野を活かして、独立開業することももちろん可能ですし、年齢に関係なく仕事をすることができます。コーチングのスキルは、あらゆるビジネスシーンで使えるほか、夫婦や親子など身近な人とのコミュニケーションにも役立ちます。

■達成への流れ（一例）

コーチング養成講座受講修了
↓
コーチングセッション（実践トレーニング）
↓
認定試験
↓
プロコーチとして認定

どうしたらなれる？

コーチングの団体やコーチ養成機関は多数あり、団体によってコーチングの目的や対象、コーチの認定基準などが異なります。吟味して選びましょう。養成講座を修了し認定試験に合格すると、コーチとして認定されます。グローバルに活躍するには、国際コーチ連盟（ICF）認定コーチ資格が必要です。ICF認定トレーニング基準を満たしたプログラムを修了し、一定時間のコーチング実績など条件を満たすと、受験資格が得られます。

ポイント

コーチングは人の目標達成、問題解決を支援する技法の一つ

宅地建物取引士（宅建士）

どんな仕事？ 不動産取引を進める

宅地建物取引士は、土地や家屋、マンションなどの不動産の売買をしたり、貸し借りをする人の間に入り、公正な取引ができるようにするのが仕事です。物件や取引条件などに関するさまざまな事項を説明したり、契約書類の作成などを行います。法律などの専門知識をもとに、不動産取引に関する的確なアドバイスも行います。宅地建物取引士の資格は、不動産会社や不動産管理会社のほか、建築会社や金融機関など他業種でも活かすことができます。独立開業も可能です。

シニアのための＋α

難易度が高い試験ですが、宅地建物取引士に合格すると、不動産業界などへの再就職の武器になります。不動産業界では、会社の規模に応じ宅地建物取引士を正社員として置くことが定められているので、不動産会社に就職して、月給報酬として契約することもできます。50代の就業者数は全体の22.2%、60代は14.9%、70歳以上は10.1%です。

どうしたらなれる？

宅建業法で定める国家試験、宅地建物取引士資格試験に合格する必要があります。一般財団法人不動産適正取引推進機構が、試験を実施しています。例年の合格率が15～17%と、難易度の高い試験です。合格後は、受験した試験地の都道府県知事の宅地建物取引士資格登録を行わなければなりません。実務経験が2年未満の人は、登録実務講習を修了することで、宅地建物取引士証の交付を受けることができます。

■達成への流れ

設置コースのあるスクール、通信講座などで勉強

↓

宅地建物取引士資格試験（年1回）

↓

実務経験2年未満の人は登録実務講習を修了

↓

宅地建物取引士として登録

ポイント

実務経験が足りない分は実務講習を受講してカバーできる

電気工事士・電気主任技術者

シニアのための＋α

電気工事士は、エアコンの取り付けなど身近な仕事にも活用できる資格です。合格率は、50〜60％です。一方、電気主任技術者試験第三種の合格率は約8％と難関です。需要が高く特別な受験資格が必要ない電験三種は、定年後の就職の武器として取得を目指す人が多い人気の資格です。1次試験は科目合格制で合格科目は3年有効です。まずは第三種から挑戦しましょう。

どんな仕事？

電気工事・保安監督を行う

電気工事に携わる仕事をするときには、必ず国家資格である電気工事士の資格が必要です。電気工事士には2種類があり、第一種が工場やビル、第二種が一般住宅や小規模な店舗の電気工事を手がけることができます。また、電気主任技術者になると、発電所や変電所、工場やビルなどの高圧電気設備・工事の保安監督の仕事をすることができます。取り扱う電気工作物の電圧などにより、第一種、第二種、第三種と、3種類の資格があります。電気工事会社、ビル管理会社、工場など活躍の場は多くあります。

どうしたらなれる？

電気工事士になるには、国家試験に合格する必要があります。マークシート式の筆記試験と技能試験が行われます。技能試験は事前に候補問題が公表されるので、十分に対策を練ることが可能です。テキストやDVDで勉強をする人が多いです。第一種電気工事士の免許交付には、3〜5年の実務経験が必要です。電気主任技術者も国家試験合格が求められます。合格率の低い難関資格の一つです。しっかりとした試験勉強が必要です。

ポイント

即戦力につながる資格で、上位資格がより有利な転職の武器になる

■達成への流れ

(一財)電気技術者試験センターへ受験申し込み

↓

電気工事士試験(第一種・第二種)
筆記試験　技能試験

↓

産業保安監督部長より
認定電気工事従事者
免状交付

↓

電気主任技術者試験
(電験第一種・第二種・第三種)
1次試験(理論・電力・機械・法規)
2次試験　※第一種・第二種のみ
(電力・管理、機械・制御)

↓

経済産業大臣より免状交付

全国通訳案内士

どんな仕事？

外国人の旅行をサポートする

全国通訳案内士は、報酬を得て、日本を訪れた外国人に付き添い、外国語を用いて、旅行をサポートするのが仕事です。全国通訳案内士試験に合格した国家資格を有し、高い語学力と、日本の歴史や文化などに関する質の高い正しい知識を持ち、外国人観光客に満足度の高い旅行案内ができるスペシャリストです。英語、フランス語、スペイン語、ドイツ語、中国語、イタリア語、ポルトガル語、ロシア語、韓国語、タイ語のいずれかに対応し、外国人観光客のニーズに応えます。

■達成への流れ

独学またはスクールなどで勉強

↓

全国通訳案内士試験
（年1回、筆記試験・口述試験）

↓

全国通訳案内士として登録

どうしたらなれる？

国家資格である全国通訳案内士の資格を取得するには、日本政府観光局（ＪＮＴＯ）が行う全国通訳案内士試験に合格し、居住する都道府県知事に登録する必要があります。訪日外国人観光客の増加と、ニーズの多様化により、２０１８年１月通訳案内士法が改正され、資格を持たなくても有償で通訳案内業が行えるようになりましたが、資格がない場合は、通訳案内士またはこれに類似する名称を使うことができません。

シニアのための＋α

2016年度全国通訳案内士試験の合格率は21.3％（前年度比＋13.4％）。年齢別合格者の構成比を見ると、50代の合格者が全体の30.5％と最多で、60代は17.7％、70代は1.7％。最年長合格者は78歳。科目追加や要件を満たせば科目免除になるなど2018年度に試験内容がかなり変わりました。試験は難関ですが合格すれば、通訳案内士の1日ガイドの報酬は1万〜3万円です。

ポイント

地域通訳案内士制度を導入し研修登録を行う自治体もある

日本語教師

どんな仕事？

外国人に日本語を教える

日本語を母国語としない外国人に、日本語を教える仕事です。日本国内だけでなく、海外でも活躍できます。国内では、ビジネスパーソンやその家族、留学生を対象に、語学学校などの授業で、日本語の会話や文法、発音や読み書きを教えます。同時に、日本の文化や生活習慣、考え方なども伝えます。生徒の年齢や職業、ニーズに合わせて、きめ細かい指導をすることが求められます。人種、国籍、文化、習慣の異なる外国人が相手なので、コミュニケーション能力が必要です。

シニアのための＋α

日本語教師のニーズは海外でも高く、就職機会もいろいろあります。地域や雇用条件により待遇や教育環境はさまざまですが、職務経験豊かなシニアならではの活躍の場も広がっています。海外で日本語教師として働く場合は、その国の就労ビザの発給条件に年齢制限があることがあるので確認が必要です。ビザ取得の条件に健康診断を課せられるケースもあります。

■達成への流れ（一例）

日本語教師養成講座
420時間コース修了

↓

公益財団法人日本国際教育支援協会実施
日本語教育能力検定試験

↓

日本語教師として仕事先を探す

どうしたらなれる？

日本語教師になるために必要な資格はありませんが、多くの場合、文化庁の指針に沿った日本語教師養成講座420時間コース修了、日本語教育能力検定試験合格、大学の日本語教育課程主・副専攻修了のいずれかの条件を満たしていることを求められます。日本語教師養成講座は、通学制や通信制などさまざまな講座があります。講座では日本語教師になるための基礎理論・専門知識を学び、教育実習も行います。

ポイント

日本語を学びたい外国人のニーズに柔軟に応える対応力が必要

翻訳家

どんな仕事？

外国語を日本語に日本語を外国語に訳す

翻訳の仕事には、文学作品を訳す文芸翻訳、ビジネスに関連する文書や契約書、マニュアルなどを訳す実務翻訳（産業翻訳）、映画やテレビ映像・歌詞などを訳すメディア翻訳（映像翻訳）などがあり、ジャンルは多岐にわたっています。ジャンルによって、それぞれ求められる知識やスキルなどは若干変わりますが、正確な翻訳を提供することが仕事です。ビジネスの国際化に伴って、英語のみならず中国語やアラビア語などさまざまな言語の翻訳のニーズが高まっています。

どうしたらなれる？

特別な資格は必要ありませんが、高い語学力が必要です。一般社団法人日本翻訳協会が実施する翻訳能力検定試験や、各種外国語実用技能検定、英検1級など、語学力を証明できる資格取得も仕事の獲得に役立ちますが、実務翻訳では業界用語に精通していると有利です。翻訳者としてのスキルを習得するスクールなどもあります。翻訳会社に就職する人もいますが、翻訳会社などと契約し、フリーランスで仕事をする人がほとんどです。

■達成への流れ（一例）

語学の勉強

↓

翻訳学校などで学ぶ

↓

翻訳家として仕事先を探す

シニアのための＋α

専門分野がある場合は強みになります。業界の専門知識や特有の専門用語、背景知識などまで熟知した経験豊かなシニア層なら、語学力とそれまでのキャリアや人脈を活かして仕事を得て活躍できる可能性があります。インターネットで翻訳者を探している会社は多くあり、試訳が採用されると仕事につながることがあります。実力があれば、年齢はあまり関係ありません。

ポイント

ジャンルによって高い専門性、正確性、表現力が求められる

校正者

どんな仕事？

印刷の内容に間違いがないかチェックする

校正者は、書籍や雑誌、チラシなど印刷物の制作過程で、校正紙（ゲラ）と原稿を照合し、誤字、脱字のチェックをします。年号や固有名詞、専門用語などが正しく記載されているかどうか、辞書などで調べて確認します。さらに踏み込んで内容の整合性を確認する校閲作業を兼ねることもあり、多種多様な内容に対応できることが求められます。出版社や新聞社などに校正者として就職できる人は少数で、編集プロダクションなどに所属して仕事を請け負い、フリーランスで活躍している人が多くいます。

シニアのための＋α

学歴や年齢ではなく実務能力が求められるため、実力があれば就業できる仕事です。編集者として活躍し、定年後に校正者に転身した人もいます。編集プロダクションなどに登録できれば、シニアにも仕事のチャンスがあります。フリーランスの場合、収入は出来高払いです。オールラウンドの知識よりも専門知識を持つ得意分野がある人が有利な仕事もあります。

どうしたらなれる？

校正者になるために、必ず必要となる資格はありませんが、専門学校や通信講座で校正の基礎的な知識や技術を学ぶことができます。アルバイトなどをしながら現場で経験を積み、技能を習得する人もいます。校正の知識や文章の理解力はもちろん、文章によっては、その分野の専門知識が求められる場合もあります。日本エディタースクールが認定する校正技能検定試験（中級・上級）に合格していると、仕事に就く際の強みになります。

■達成への流れ（一例）

スクールや通信講座などで勉強

↓

校正技能検定試験
（中級年2回 上級年1回）

↓

校正者として仕事先を探す

↓

編集プロダクションなどに登録

ポイント

締め切りに間に合うようにスケジュール管理が必要

警備員

どんな仕事？

防犯防災、安全を確保する

利用者の安心と安全を守るため、変事に備えて警戒し、防備する仕事です。商業施設や金融機関、企業や工場、公共機関などの施設警備、交通誘導、イベントの警備、身辺警備、駐車場警備や建築建設現場の工務警備など、幅広い活躍の場があります。子どもや女性、高齢者を対象にした、通勤通学や外出時に同行するエスコートサービスなども行います。勤務形態は会社や警備の内容によってさまざまです。需要・求人は多く、ソフトな対応が求められる現場では女性警備員のニーズも高まっています。

シニアのための＋α

セカンドキャリアとして警備員となり活躍する人は多く、警備業界で働く50代以上の人は全従業員の約半数を占めています。社会経験が豊富なシニア層ならではの気配りも、現場で高く評価され、求人も活発です。警備員の平均年収は300万円程度ですが、勤務日数・時間も働く人の都合に合わせていろいろ選ぶことができ、自分のペースで働くことも可能です。

■達成への流れ（一例）

警備会社の求人に応募

↓

実務研修

↓

警備員

どうしたらなれる？

特別な資格は必要ありませんが、心身ともに健康で責任能力があることが求められます。警備内容により自動車運転免許が必要な場合もあります。警備会社に就職をして、必要な教育・研修を受けた後に、警備員としての仕事に就きます。警備業人材力支援コンソーシアム事務局が開催する警備業界しごと説明会や、シルバー人材センターなどが開催する就職支援講習に参加して、仕事内容などをよく知ることから始めると安心です。

ポイント

警備会社では約30時間の法定新任研修が行われる

駐車監視員

シニアのための＋α

駐車監視員として活躍する人の多くは50～60代です。シフト制で残業などはないので、シニア層に人気の仕事の一つです。資格取得に年齢制限はありませんが、現場で働くためには警備会社などと契約する必要があり、会社により70歳以下など年齢制限のある場合があります。月給は15～22万円程度で、タブレット端末を使用するので、その習熟が求められます。

どんな仕事？

放置車両の確認業務を行う

警察署長の委託を受けた民間の警備会社などと契約し、地域を巡回し、街頭に放置された違法駐車車両の確認や、確認した旨を記載した確認標章の取り付けを行う仕事です。反則の告知や金銭の徴収などは行いません。制服と記章を着用し、通常二人1組で巡回します。放置車両を発見すると、デジタルカメラで違反状況を撮影し、撮影データを入力して警察署に提出します。公正・適格な職務執行、秘密保持義務がある「みなし公務員」とされ、違反者が職務を妨害した場合は、公務執行妨害罪が適用されます。

どうしたらなれる？

一般向けの駐車監視員資格者講習コースと、警察関係経験者向けの認定考査コースがあります。一般的には、都道府県が実施する駐車監視員資格者講習を2日間(14時間)受講し、修了考査に合格する必要があります。18歳未満の人、一定の刑に処せられその執行を終えてから2年を経過しない人、暴力団関係者、アルコールや薬物中毒者など、欠格事由の該当者は資格を取得できません。誓約書や医師の診断書も必要です。

■達成への流れ

駐車監視員資格者講習を受講(2日間)

↓

修了考査(約1週間後)

↓

駐車監視員の資格取得

↓

放置車両確認機関に就職

ポイント

放置車両確認機関となっている法人の正社員、契約社員となる

マンション管理員

どんな仕事？

マンションを快適に管理する

マンションの管理員は、マンションの住人の快適な暮らしをサポートするのが仕事です。管理会社やマンションの規模などによって、仕事の内容が異なる場合がありますが、マンションの受付、清掃、巡回、諸設備の故障の対処や点検の立ち会い、居住者への通知文書の作成や掲示、日々の業務の記録・管理会社への報告などを行います。基本的に一人での仕事が多く、責任感が求められます。特に、マンションの建設が続く都市部において、慢性的な人手不足が続いており、需要の高い仕事です。

シニアのための＋α

就業者の多くは非正規雇用の中高年です。さまざまな居住者や訪問者、管理会社などと適切な対応ができ、日々起こるトラブルにも対処が可能な、社会経験豊富でコミュニケーション能力のある中高年が求められています。女性専用マンションなど、女性限定の求人もあります。勤務は週5日のフルタイムから午前のみや曜日選択など幅のある働き方ができます。

■達成への流れ（一例）

マンション管理会社の求人に応募
↓
実務研修
↓
現場の仕事の確認・引き継ぎ
↓
マンション管理員

どうしたらなれる？

特別な資格は必要ありません。年齢や経験も不問の場合が多く、中高年に人気の仕事です。求人も多いので、条件を検討して応募しましょう。シルバー人材センターなどが行う、マンション管理員の基礎知識や居住者へのサービスなどを学べる就職支援講習に参加して、仕事の紹介を受ける方法もあります。一般社団法人マンション管理業協会では、マンション管理初心者のためのテキストやＤＶＤも発行しています。

ポイント

マンション管理士資格、管理業務主任者資格は求められないことが多い

タクシー運転手

どんな仕事？

タクシーで旅客を運送する

タクシードライバーには、法人タクシー（タクシー会社）の乗務員と、個人事業主である個人タクシーの運転手の2種類があります。安全に旅客を目的地に運ぶのが仕事です。タクシー会社に勤務する運転手の多くは、1日に16～21時間勤務して翌日は休む「隔日勤務」で、給与は歩合制です。個人タクシーの事業主になるためには、65歳未満であること、3年以内に2年以上のタクシーまたはハイヤーの運転経験があることなどの条件があります。75歳以上になると個人タクシーの事業更新は許可されません。

シニアのための＋α

他職種からの転職者が多く、個人の裁量で仕事ができることが人気です。運転技術、地理知識、接客マナーなどは、会社の研修などで学べます。65歳以上のタクシードライバーの割合は増えていますが、安全確保のため、健康維持・健康管理の徹底が重要です。資格を取って、高齢者や障害者などの移動をサポートする介護タクシーのドライバーとして活躍する人もいます。

どうしたらなれる？

タクシーの運転手になるには、普通自動車免許を取得してから3年以上の者が取得できる、第二種運転免許の取得が必須です。第二種運転免許取得を援助する制度のあるタクシー会社では、入社してからの取得が可能です。東京・神奈川・大阪などのタクシー会社で勤務する場合は、公益財団法人タクシーセンターの地理試験に合格することも必要です。目的地までの最短ルートや、所要時間、料金などを熟知する必要があります。

ポイント

隔日勤務のほか、定時制（パートタイマー）などの勤務形態も

■達成への流れ

タクシー会社の求人に応募
↓
第二種運転免許取得
↓
地理試験（東京・神奈川・大阪など）
↓
研修
↓
タクシー運転手

言語聴覚士

どんな仕事？ 言葉や聞こえの障害がある人を支援する

言語や聴覚、発声・発音などの機能が損なわれ、言葉によるコミュニケーションや嚥下《えんげ》が難しい人に対し、自分らしい生活が送れるよう支援する仕事です。言語障害（うまく話せない）や聴覚障害、音声障害（声帯を失うなどして声が出にくい）、嚥下障害（うまく飲み込めない）などの障害について、問題の発現理由を究明し、機能回復に向けて訓練や指導を行います。医療機関や福祉施設、教育現場などで、医師や看護師、理学療法士などと連携し、コメディカルスタッフとして活動します。

シニアのための＋α

言語聴覚士は1999年に第1回国家試験が行われた国家資格です。高齢化に伴い、病気の後遺症などによる言語障害や嚥下障害が増加し、介護現場でもリハビリの専門家として言語聴覚士のニーズが高まっています。現在、言語聴覚士として活躍する50代は全体の約6%、60代は約2.8%。比較的若い年齢層の有資格者が多い傾向があります。平均年収は300～400万円です。

どうしたらなれる？

言語聴覚士になるには、国家試験に合格する必要があります。高卒の場合は、文部科学大臣指定の大学・短大か言語聴覚士養成所（専修学校3～4年）を卒業、大卒の場合は指定された大学・大学院の専攻科、または専修学校（2年）を卒業し、受験資格を取得します。養成所では、医学的な知識、心理学、認知科学、社会福祉など幅広い知識を学び、演習や実習も行います。国家試験に合格すると、厚生労働大臣認定の免許が受けられます。

■達成への流れ

高等学校 → 指定の大学・短大、専修学校

一般の大学 → 指定の大学・大学院の専攻科、専修学校

→ 言語聴覚士国家試験（年1回）

→ 言語聴覚士として登録

ポイント

資格取得に2～4年必要。
年齢制限ありの求人もある

社会福祉士

どんな仕事？

相談援助のエキスパート

社会福祉士は、社会福祉の専門的知識及び技術を持ち、生活困難に直面している人の相談に応じて助言・指導し、問題を解決する手助けをすることが仕事です。ソーシャルワーカーとも呼ばれます。福祉サービスや医療サービスを提供する関係機関や関係職種と連携して、相談を受けた高齢者、障害者、貧困者、虐待のおそれがある子どもなどが、問題なく日常生活を送れるよう援助を行います。活躍のフィールドは、福祉施設、医療機関、教育現場、更生保護施設など多岐にわたります。

シニアのための＋α

社会福祉士国家試験の合格率は約30％で、毎年1万人以上の社会福祉士が誕生しています。合格者の約半数は20代ですが、51～60歳が約11％、61歳以上が約3％（2017年度）と、シニア層も健闘しています。社会福祉士の仕事は、相談業務や関係機関との調整が必要となりますが、シニアの場合、それまでの人生経験やコミュニケーションスキルを活かすことができます。

■達成への流れ

福祉系大学、短期養成施設、一般養成施設などで勉強

↓

社会福祉士国家試験（年1回）

↓

社会福祉士として登録

どうしたらなれる？

社会福祉士は、社会福祉士及び介護福祉士法で定められた介護・福祉分野の国家資格です。社会福祉士の国家試験受験資格を得るには、福祉系大学などのルート、短期養成施設ルート、一般養成施設ルートのいずれかを選択し、国家試験を受験して合格する必要があります。社会福祉士国家試験の出題範囲は幅広く、把握しておかなければいけない法令がたびたび改正されるなど、対策には注意が必要です。

ポイント

精神保健福祉士、介護福祉士と並び「三福祉士」と呼ばれる

手話通訳士

どんな仕事？ 聴覚障害者との意思伝達を仲立ちする

聴覚障害者と聴覚に障害がない人が円滑なコミュニケーションが取れるよう、手話や音声言語を使って意思疎通を仲介する仕事です。高度な専門知識と技術を持ち、音声を手話にしたり、手話を音声にしたりして、通訳を行います。厚生労働大臣認定資格である手話通訳士の資格があると、裁判など公的な場で手話通訳が行えます。福祉施設や公共施設で働く人が多く、聴覚障害者の社会参加に伴い手話通訳者のニーズは高まっていますが、手話通訳士としてだけの求人はまれです。

シニアのための＋α

2017年度手話通訳士試験の合格率は8.2%。合格者のうち91.8%が女性で、50〜59歳は35.3%、60歳以上が9.4%と、シニア層が大きな割合を占めています。ボランティアとしての活動もありますが、専門性を持った福祉サービスを提供する有資格者としての活動の場が増えてきています。福祉施設などで働く場合、時給は約1000〜1500円です。

どうしたらなれる？

社会福祉法人聴力障害者情報文化センターが行う、手話通訳技能認定試験（手話通訳士試験）に合格する必要があります。障害者福祉・聴覚障害者に関する基礎知識、手話通訳のあり方などの学科試験、手話を音声で表現したり音声を手話で表現する通訳の実技試験が行われます。まずは、基本的な手話技術を、地域の手話講習会や手話サークル、専門学校や大学で習得し、実力をつける必要があります。独学や通信講座で学ぶ人もいます。

■達成への流れ

独学、または通信講座などで勉強

↓

手話通訳士試験
（年1回、学科試験・実技試験）

↓

手話通訳士として登録

ポイント

手話通訳を一つの強みとして
仕事や社会活動の幅を広げることも

介護福祉士

どんな仕事？　介護のスペシャリスト

介護福祉士は、身体上または精神上の障害があって日常生活に支障がある人を、心身の状況に合わせて、専門的知識及び技術を持って介護を行うのが仕事です。訪問介護や社会福祉施設で、要介護者が日常生活を営むのに必要な身体介助や生活援助を行い、要介護者やその家族に対し介護に関するアドバイスも行います。介護の資格の中で唯一の国家資格で、質の高い介護サービスを提供する介護のスペシャリストとして、介護現場においてリーダー的存在としての活躍が期待されます。

シニアのための＋α

介護業界で働く高齢者の増加は著しく、業界では定年制を撤廃する会社が増えています。介護福祉士国家試験合格率は約70%で、合格者のうち51～60歳は15%、61歳以上は約3%（2017年度）です。60代で介護の仕事を始め、70代で介護福祉士資格を取得した人もいます。介護施設でフルタイムで勤務する、派遣で週数日勤務するなど、働き方を選ぶことができます。

■達成への流れ

養成施設で勉強 ／ 実務経験3年以上＋実務者研修修了
↓
介護福祉士国家試験（年1回）
↓
介護福祉士として登録

どうしたらなれる？

介護福祉士は、社会福祉士及び介護福祉士法で定められた介護・福祉分野の国家資格です。介護福祉士になるには、国家試験の受験資格となる介護福祉士養成施設卒業を目指します（養成施設ルート）。実務経験が3年以上ある人は、介護福祉士養成施設などにおける実務者研修を修了すると受験資格が得られます（実務経験ルート）。試験は毎年1月下旬に、全国で実施されます。年齢、性別、国籍、学歴などは不問です。

ポイント

受験資格を得るには、
養成施設ルートと実務経験ルートがある

訪問介護員（ホームヘルパー）

シニアのための＋α

人手不足が叫ばれている介護現場で活躍する元気なシニア訪問介護員が増えています。介護の仕事は、シニアが自らの人生経験を活かせる場面も多く、即戦力として期待されています。約8割がアルバイトやパートなど非常勤職員で、平均年収は約300万円。シニア層が働くことは、自らの介護予防にもつながることになると今注目されています。

どんな仕事？

在宅要介護者の暮らしをサポートする

訪問介護員（ホームヘルパー）は、介護が必要な高齢者や障害者宅を訪問し、食事や入浴・排泄などの身体介護や、調理・洗濯・買い物などの生活援助、通院などを目的とした乗車・降車の介助などをする仕事です。利用者の要介護状態によって、ケアマネジャーや利用者、家族との話し合いで事前にケアプランが作成され、どんな介護や支援のサービスを行うかが決められます。ホームヘルパーは決められた時間に訪問し、プランに基づいて利用者の生活に合わせた支援を行います。

■達成への流れ

介護員養成研修機関が実施する介護職員初任者研修課程を修了

↓

修了試験（筆記試験）

↓

訪問介護員（ホームヘルパー）として仕事を探す

どうしたらなれる？

都道府県知事から指定を受けた介護員養成研修機関や地方自治体が実施する、介護職員初任者研修課程を受講し、全過程修了後に筆記試験に合格する必要があります。2012年度まで実施のホームヘルパー1級・2級、介護職員基礎研修修了者も同等の有資格者とみなされます。介護職員初任者研修は、介護業務に必要な基礎知識や技術、考え方などを学ぶ入門講座で、福祉施設などで働く場合や、家族の介護にも役立ちます。

ポイント

ホームヘルパーは家事代行ではなく介護のプロフェッショナル

健康生きがいづくりアドバイザー

どんな仕事？

生きがいの創造を支援する

健康生きがいづくりアドバイザーは、中高年に対して、健康と生きがいづくりを啓発し、地域や企業でリタイア後の自己実現を専門的に支援するコンサルタントです。一般財団法人健康・生きがい開発財団が養成・認定しています。生きがいは与えられるものではなく、自ら実現していくものという視点で、機会・情報を提供し、相談・助言を行います。行政や企業、地域団体とも連携し、健康づくり、スポーツ、生涯学習、地域づくり、環境活動、就労支援など、幅広い活動を行います。

シニアのための＋α

健康生きがいづくりアドバイザーは、中高年齢者の健康・生きがいづくりを支援する人材として育成されています。自分自身のそれまでの経験や知識を活かし、地域社会に貢献できる具体的なノウハウを学ぶことができると注目されています。資格を取得すると、財団がサポートする有償・無償の活動に参加できます。社会全体に向けた活動展開も可能です。

■達成への流れ

養成講座・通信講座・eラーニング講座のいずれかを修了

↓

課題レポート提出
資格審査試験

↓

資格認定研修会（2日間）

↓

健康生きがいづくりアドバイザーとして登録

どうしたらなれる？

まず、地域ごとに開催される一般財団法人健康・生きがい開発財団主催の養成講座か、通信講座、またはeラーニング講座を受講して基礎知識を修得し、資格審査試験に合格する必要があります。試験に合格すると、2日間の資格認定研修会に参加して、実習を通してアドバイザーに求められる技術を修得します。研修会修了後に資格を登録認定され、各都道府県の協議会に参画し、具体的な活動を行います。

ポイント

啓発、仲間づくり、情報提供、助言、能力開発などの技術が求められる

健康管理士

シニアのための＋α

健康管理士は、シニア層の興味と生きがいに直結する資格といえます。資格取得のために学んだ知識は自分自身や家族の健康管理に役立つだけでなく、ボランティア活動などを通して社会に発信して、地域に貢献することもできます。日本成人病予防協会では勉強会やセミナーなどを行っているので、資格取得後のスキルアップのサポートも万全です。

どんな仕事？

人々の健康を守る健康管理指導を行う

健康管理士は、日本成人病予防協会が認定する、健康管理・予防医学のスペシャリストです。企業、福祉施設、地域、医療や介護の現場などさまざまなフィールドで、年齢や性別・生活習慣に合わせた健康管理指導やアドバイスをするのが仕事です。高齢化社会における健康寿命の延伸のため、生活習慣病の予防・生活習慣の改善など、健康に関する正しい知識や意識を伝え、人々の健康を守ります。食育や介護予防にも対応。ボランティアや地域活動にも貢献できます。看護師や介護士などにも、有資格者が多いです。

■達成への流れ

指定の通信講座受講修了	養成指定校の指定単位取得

↓

健康管理能力検定1級試験（全国各地で実施）

↓

健康管理士として登録（1年ごとの更新が必要）

どうしたらなれる？

健康管理士一般指導員・文部科学省後援「健康管理能力検定1級」の資格認定試験に合格する必要があります。健康管理士一般指導員養成施設が主催する通信講座（厚生労働大臣指定の教育訓練給付金制度対象講座）の修了か、大学など養成指定校のカリキュラムの単位取得が受験資格となります。通信講座では、健康管理学、生活習慣病の基礎知識、心の健康管理、栄養学など、予防医学を基礎から学びます。

ポイント

資格取得説明会（無料）が全国で開催されている

レクリエーション・インストラクター

どんな仕事？

レクリエーション活動の指導者

レクリエーション・インストラクターとは、福祉施設や教育現場などで、ゲームや歌、スポーツや集団遊びなどを使った、レクリエーション活動を企画・展開する指導者です。参加者の主体性や協調性を引き出し、集団内のコミュニケーションを促進し、一体感を引き出します。レクリエーション活動の特徴を理解して、目的や年齢に合わせたプログラムをつくり、集団をリードして、楽しい空間と時間をつくりだします。理論に基づいたレクリエーションで、活動のねらいを達成することを目指します。

シニアのための＋α

レクリエーション・インストラクターの公認指導者数は、全国で6万人を超えます。資格保持者は、教育者や職場でレクリエーションに関わる人、自治会や子ども会など地域活動に関わる人が多いです。高齢者のコミュニティづくりや介護予防教室などでもニーズが高く、これから地域貢献をしたいと考えているシニア層の関心が高い資格といえます。

■達成への流れ

都道府県レクリエーション協会の養成講習会を修了

↓

資格認定審査

↓

レクリエーション・インストラクターとして登録（2年ごとの更新が必要）

どうしたらなれる？

レクリエーション・インストラクターは、公益財団法人日本レクリエーション協会が認定する基礎資格です。資格を取得するには、都道府県のレクリエーション協会で行われる養成講習会を受講し、60時間の学習課程を修了しなければいけません。理論の筆記試験・実技・演習の活動レポートなど資格認定審査に合格し、資格の申請・登録をすると、日本レクリエーション協会公認指導者として認定されます。

ポイント

楽しいだけでは終わらせない
レクリエーションを学べる

保育補助員

どんな仕事？ 保育施設で保育士のサポートをする

保育補助とは、保育園など保育の現場で、保育士のサポートをする仕事です。補助の仕事なので、保育士の資格がなくても働けます。子どもたちが安全に過ごせるように園内の環境整備をしたり、子どもたちの見守りなどを行います。待機児童の解消や保育時間の拡大などのために深刻な保育士不足が続く今日、保育補助のニーズはますます高まっています。アルバイト雇用が多いので比較的時間に融通がきき、高齢者の知恵が活かせる場面もあり、地域に貢献できる仕事です。

シニアのための＋α

人手不足の保育現場で活躍するシニア層が増えています。ハローワークやシルバー人材センターなどでも、保育補助を目指す人に向けた「保育補助業務講習」を行っているところがあります。講座では、保育補助員の役割、保育衛生、子どもの発達、子どもの遊びなど保育の基礎を学びます。保育補助の仕事に興味がある人は、講座を探して受講してみるとよいでしょう。

■達成への流れ（一例）

就職支援講習会に参加
（シルバー人材センターなど）

↓

市町村の職員・非常勤職員の
採用情報をチェックし、
保育園などの求人に応募

↓

保育補助員

どうしたらなれる？

保育補助は、保育士の資格は必要ありませんが、子ども好きであることや、心身ともに健康であることが求められます。子育て経験のある人に人気です。市町村のホームページに掲載される、職員・非常勤職員の採用情報をチェックして応募したり、近隣の保育士・保育所支援センターに問い合わせてみてもよいでしょう。シルバー人材センターなどでは、保育補助員として働く上で必要な基礎知識を学ぶ講習会も行われています。

ポイント

若い保育士の心の支援、力仕事、
散歩の見守りなどに男性も活躍中

ベビーシッター

どんな仕事？

保護者に代わり子どもを預かる

依頼者の自宅などで、保護者に代わり子どもの保育・世話をする仕事です。子どもと一緒に遊んだり、食事やトイレの世話、病気のケアや習い事の送迎なども行います。通常1人から2～3人の子どもの世話をします。保育の知識と実践力が必要で、依頼者が安心して子どもを預けられる信頼関係の構築も大切です。商業施設やホテル、テーマパークやイベント会場の託児ルームなど、活躍の場は増えています。時間や場所など、働き方を選べるので、ダブルワークも可能です。

シニアのための＋α

ベビーシッター業界では、シニアベビーシッターの割合が増えています。現在活躍するシニアベビーシッターには60歳を超えてから仕事を開始している人も多くいます。依頼者の自宅に出向き、子どもや保護者が安心できる保育を行う仕事なので、体力の維持・心身の健康管理は不可欠です。多くがパートやアルバイト契約ですが、時給は1500円以上となっています。

■達成への流れ（一例）

ベビーシッター養成研修会に参加
↓
ベビーシッター会社の求人に応募
社員となるには保育士資格などが必要
↓
パートやアルバイトとして契約
↓
ベビーシッター

どうしたらなれる？

ベビーシッターとして働くために必ず必要な資格はありませんが、幼稚園教諭や保育士、看護師や助産師、小学校教諭などの有資格者は優遇されます。保育経験・子育て経験から得たスキルも有効です。さまざまな不測の事態に対応する力が必要です。公益社団法人全国保育サービス協会が開催するベビーシッター養成研修会への参加や、協会認定ベビーシッター資格取得なども、仕事への足がかりになります。

ポイント

ベビーシッター会社は、研修やサポートが充実している

調理補助

シニアのための＋α

調理補助の分野は未経験者歓迎の求人も多く、シニア層の活躍が目立つ仕事です。調理の現場で働くことで、包丁さばきや料理の腕を上げたり、レパートリーを増やすことも期待できます。現場はチームワークで動いているので、協調性や仕事の流れに合わせる努力が必要です。また衛生面には注意を払ったうえ、爪や髪など清潔な身だしなみが求められます。

どんな仕事？

調理する人を補助する

調理補助とは、施設の厨房などで、調理する人を補助する仕事です。食材や調理器具を準備したり、下ごしらえや盛り付け、食器洗いなどを行います。保育園や学校、社員食堂やホテル、病院や介護施設など、さまざまな業種の調理現場で調理補助が求められています。雇用形態の多くは、アルバイトや派遣で、食事の時間に合わせた勤務や、シフト制がほとんどです。ライフスタイルを考えた働き方を選べます。調理補助の実務経験を2年続けると、国家資格の調理師免許取得試験の受験資格が得られます。

■達成への流れ（一例）

調理補助の求人に応募
↓
研修
↓
調理補助

どうしたらなれる？

特別な資格や技能は必要ない場合がほとんどです。年齢に関係なく、未経験でも日頃の家事や調理経験を活かして仕事ができます。求人は多く、採用後に研修がある場合もあります。シルバー人材センターなどで開催される、調理アシスタント人材育成講習に参加すると、施設での調理業務に必要な食品衛生や、配膳・盛り付けなどの調理業務について学ぶことができます。講座修了後、調理補助の仕事を紹介してもらえることもあります。

ポイント

食に関心がある人向きの仕事。
まかない付きの職場も多い

清掃スタッフ

どんな仕事？

依頼を受けた家庭や施設の清掃を行う

清掃スタッフは、一般家庭をはじめ、マンションやオフィスビル、商業施設、ホテル、学校や病院など、さまざまな場所の清掃を行います。単純作業もあれば、プロフェッショナルな知識と技術を駆使しなければならない清掃もあります。場所によって、一人で作業する場合と、チームで作業する場合があります。一般家庭の掃除の代行から、大きな施設の定期清掃まで、求められる仕事内容はそれぞれ違いますが、手順やポイントを覚えれば、年齢を重ねてもマイペースで働けます。

シニアのための＋α

清掃スタッフは年齢を重ねてもできる仕事で、シニア層の割合が多く、求人も年齢制限のないものが目立ちます。そのため70代で活躍している人が大勢います。早朝数時間の作業で働きやすいという人もいます。平均時給は1000円から。人手不足の業界なので、ハローワークやシルバー人材センターなど自治体の高齢者就業を斡旋する団体にも多くの求人が出ています。

どうしたらなれる？

シルバー人材センターなどが開催する、60歳以上の就業希望者を対象にした清掃スタッフ講習会などに参加すると、家庭や施設清掃の手順やポイントを学ぶことができ、講座修了後に仕事の斡旋も受けられることがあります。資格や学歴などを問われることは少なく、需要の高い求人の多い仕事なので、勤務条件などを確認して応募しましょう。仕事で得られる清掃のスキルや、細かな気配りは、私生活でも役立ちます。

■達成への流れ（一例）

シルバー人材センターの会員になる

↓

清掃スタッフ講習会に参加

↓

清掃スタッフとして仕事の斡旋を受ける

ポイント

未経験でも誰でもトライ可能。
接客が苦手な人もOK

植木職人

どんな仕事？

庭木の剪定や手入れを行う

庭園や個人の家の庭木、街路樹などを手入れして、美しい状態に保つ仕事です。樹木の枝葉を剪定して形を整えたり、伐採などを行います。日本では、平安時代から存在する仕事です。庭木の剪定は、庭全体のバランス、光の差し込み具合、風通しなどを考慮したりするだけでなく、開花や結実を促すことや、害虫の予防なども求められます。自然に囲まれた環境で、太陽の下、樹木を相手に汗を流せる健康的な仕事ですが、危険を伴う場合もあるので注意が必要です。

シニアのための＋α

植木剪定などの経験者はもちろんですが、園芸や盆栽の趣味がある人、自然が好きな人などに、それまでのサラリーマン生活と一転して太陽の下で気持ちよく体を動かせる仕事として人気があります。チームでの共同作業が多く、依頼者との事前にていねいな打ち合わせをすることも必要です。危険を伴うこともある体力仕事であるため、適切な健康管理が求められます。

どうしたらなれる？

植木職人になるために、特別に必要な資格はありません。造園会社などに就職して修業を積む方法や職業訓練校で学ぶ方法のほか、シルバー人材センターの造園部門に登録し、（一財）日本造園組合連合会が主催するシニアワークプログラム講習会に参加し、仕事の斡旋を受けるという方法があります。実務経験を積み、国家資格の造園技能士や、民間資格の樹木医の資格を取得するなど、スキルアップもできます。

■達成への流れ（一例）

シルバー人材センターの会員になる

↓

シルバー人材センター造園部門に登録

↓

日本造園組合連合会が主催する
シニアワークプログラム講習会に参加
剪定の基礎を学ぶ

↓

植木職人として
仕事の斡旋を受ける

ポイント

仲間と協力しながら、
緑に囲まれて仕事ができる

家具職人

どんな仕事?

木製家具を製作する

箱物家具(タンス・食器棚・書棚など)や、脚物家具(椅子・机など)、その他さまざまな木製家具を製作する仕事です。製図をし、使用する木材の性質を見極め、機械や工具を使って加工し、組み立てます。依頼主の希望に応えて、オーダーメイドの木の家具を手仕事で仕上げます。ていねいさと正確さを求められる仕事です。家具職人の活躍の場となる家具製作会社は、福岡、静岡、広島、群馬、岐阜、東京、新潟、北海道、徳島など、家具の特産地に集中しています。

シニアのための+α

木工家具科を開設している職業訓練校は数が少ないため、遠方から通う人や、住所を移して通う人もいるほどの人気校となっています。早期退職や定年後のシニア層に人気で、生徒が増えています。職業訓練校を卒業したり、技能検定に合格しても、すぐに職業に直結するわけではないですが、自分で工房を開くなど夢が広がり、実現している人もいます。

どうしたらなれる?

家具職人になるのに、特別な条件や必要となる資格はありません。家具の製作を学ぶ職業訓練校やスクールに通い、専門知識や基礎となる技能を修得した後、家具の製作会社や工房などに就職し、家具職人として修業を積むケースが一般的です。厚生労働省が定めた家具製作技能検定試験を受験し、家具製作技能士の資格を取得するのも、就職に有利です。手先が器用であること、形態知覚が優れていることが望まれます。

■達成への流れ(一例)

職業訓練校 / スクールで家具づくりを学ぶ
↓
家具製作技能検定試験
↓
工房や家具製作会社に就職
↓
家具職人として修業

ポイント

技術を身につけ、修業を積み、こだわりの手仕事を極める

ビル設備管理

どんな仕事？ 建物の設備をメンテナンスする

商業施設やオフィスビル、ホテルや病院などに常駐し、空調、電気、水道などの設備の点検や保守を行ったり、トラブルに対処するのが、ビル設備管理（ビルメンテナンス）の仕事です。ビルのテナントや業者との交渉、業者に依頼した検査や工事の立ち会いなども行います。そのほか廃棄物の処理や清掃、害虫の駆除など、業務は多岐にわたります。ビル設備管理の仕事は24時間体制で行われているため、早番・遅番の交代勤務や、宿直勤務が求められる場合もあります。

どうしたらなれる？

ビル設備管理の仕事は無資格でもできますが、持っていると確実に有利な資格があります。ビルメン三種の神器といわれるのが、建築物環境衛生管理主任技術者（ビル管理士）、第三種電気主任技術者（電験三種）、エネルギー管理士の資格。ビルメン4点セットといわれるのが、第二種電気工事士、第三種冷凍機械責任者、危険物取扱者乙種4類、2級ボイラー技士の資格です。何らかの資格がないと採用されない職場もあります。

■達成への流れ

（ビル管理士資格取得の場合）

設備管理の実務経験（2年以上）

↓

独学または講習会などで勉強

↓

（公財）日本建築衛生管理教育センター
建築物環境衛生管理主任技術者試験

↓

厚生労働大臣より免状交付

シニアのための＋α

未経験で仕事を始めて、資格を取得してステップアップを図る人もいます。平均年収は300万円からとなっていますが、資格があると給与がUPする場合もあります。また、定年後の再雇用や雇用延長のチャンスも生まれます。まずは一定の大きさのビルに必ず専任が義務付けられているビル管理士を目指し、さらに電験三種（p225）に挑戦するとよいでしょう。

ポイント

需要が高く、資格を活かして
多くのシニア層が働く人気の仕事

調理師

シニアのための＋α

カフェや飲食店を開業するため、調理師の資格取得を目指すシニア層が増えています。法律的には、調理師の資格は独立開業に必須ではありませんが、調理全般の基礎をしっかり学び、スキルを身につける手段として最適です。調理師試験の合格率は、60～65%です。筆記試験のみで実技試験はありません。都道府県単位で実施しているので、掛け持ち受験も可能です。

どんな仕事？

調理のプロフェッショナル

調理師は、食品の栄養、衛生、適切な調理法などの知識を持ち、安全な料理をつくることができる料理のプロフェッショナルです。食材の仕入れ、仕込み、調理、盛り付け、皿洗いや掃除、食器の管理まで、調理全般を行う仕事です。規模の大きい現場では、複数の調理師で仕事を分業します。ホテルや飲食店、病院や学校など、幅広い分野で活躍しています。調理師の資格を持っていなくても、飲食店を開業することは可能ですが、資格があることで信用を得ることができます。

どうしたらなれる？

厚生労働大臣が指定した調理師養成施設（1年以上）を卒業すると、無試験で国家資格の調理師免許を取得できます。また、2年以上の調理実務経験がある場合、都道府県が行う調理師試験（公衆衛生学、食品学、栄養学、食品衛生学、調理理論、食文化概論の6科目）に合格すると、調理師免許を取得できます。調理師免許を持っていると、飲食店を開業する際に必要となる食品衛生責任者資格が、申請のみで取得できます。

■達成への流れ

- 調理師養成施設（1年以上）
- ↓
- 卒業 ＝ 調理師免許取得

- 2年間の実務経験
- ↓
- 独学または通信講座・スクールなどで勉強
- ↓
- 調理師試験
- ↓
- 調理師免許取得

ポイント
世界から評価される日本の食を担い、海外での活躍もありえる

あん摩マッサージ指圧師

シニアのための＋α

2017年度のあん摩マッサージ指圧師の試験の合格率は83%。40〜50代で国家資格取得を目指す人も多数います。受験するまでに、3年間指定された養成校に通学して学ぶため、多くの時間と学費を要します。高校卒業以上の学歴が必要です。資格取得後はさらに経験を積み、自宅で独立開業することも可能です。開業の場合の平均月収は16〜20万円となっています。

どんな仕事？

手や指で体に刺激を与え体をケアする

あん摩、マッサージ、指圧の手技（押す・揉む・さする・たたくなど）を用いて体に刺激を与え、体の不調を改善し、健康の維持・増進を促す施術を行う仕事です。人間が持つ自然治癒力を最大限に活性化させ、病気になる前の段階で体をケアする知識と技術を持つ、東洋療法のスペシャリストです。独立開業権のある国家資格なので、治療院を開業することも可能です。出張（訪問）施術を行ったり、福祉施設や医療機関、スポーツや美容の分野などでも幅広く活躍しています。

どうしたらなれる？

あん摩マッサージ指圧師、はり師、きゆう師等に関する法律に基づく、あん摩マッサージ指圧師国家試験に合格する必要があります。受験資格を得るためには、文部科学大臣が認可した養成過程のある大学か、厚生労働大臣認可の養成校（3年）で必要な課程を修了することが必要です。国家資格を取得すると、同時に開業権も得られます。公益財団法人東洋療法研修試験財団の名簿登録をすることにより、免許証が交付されます。

■達成への流れ（一例）

養成校（3年）修了

↓

あん摩マッサージ指圧師国家試験（年1回）

↓

あん摩マッサージ指圧師として登録

ポイント

国家資格を有することを示す厚生労働大臣免許保有証も発行される

古物商

シニアのための＋α

古物商は資格取得が簡単で、初期費用が少なくても開業できるところが魅力です。自営なので、いくつになってもできる仕事です。インターネットを利用した古物商を展開することもできます。しかし、気軽に始められる一方で、法令の規制が厳しく、在庫の管理も大変です。まずは得意分野の商品の知識と経験を活かして、仕入れルートの確保を目指すとよいでしょう。

どんな仕事？

許可を得て古物を売買・交換する

都道府県公安委員会の営業許可を得て、リサイクルショップや古本屋などを開き、古物の売買や交換を行う仕事です。委託を受けて売買したり、交換することもあります。古物とは、一度使用されたものや、未使用で売買されたもの。古物商の市場には、盗品などが混入するおそれがあるため、古物営業法で、それを防止するための義務や制限が詳細に定められています。古物を買い取るときには相手の身分を確認し、売買の記録を残したり、不正品の疑いがあるときは、警察に通報する義務があります。

どうしたらなれる？

古物商を営むには、所轄の警察署の防犯係（古物商許可担当窓口）で手続きをして、都道府県公安委員会に営業許可の申請を行う必要があります。美術品、衣類、時計・宝飾品、自動車、自動二輪車、道具類、書籍、金券などの13品目から、取り扱う古物を選択します。許可証取得には、特に試験などは課せられておらず、所定の欠損事由に該当がなければ誰でも取得できます。商品に対する目利きを磨くことが、大きな課題となります。

■達成への流れ

古物営業の許可申請窓口で必要書類を受け取る
↓
必要書類を揃える
↓
申請手続き
↓
都道府県公安委員会より古物営業の認可証交付

ポイント

古物商の営業資格は無試験。
通常は申請するだけで取得できる

ソムリエ

シニアのための＋α

日本ソムリエ協会のソムリエ呼称資格認定試験は、実務経験が必要です。職歴や経験不問のワインエキスパート資格試験の準備講座にはワイン愛好者が多く通い、シニアの受験者も多いようです。実務経験なしで資格を取得したい場合は、全日本ソムリエ連盟の資格取得を目指すのが近道です。経験を積めば、上級資格シニアソムリエを目指すことも可能です。

どんな仕事？

客の相談に応じてワインを提供する

ソムリエは、ワインや食全般に関する豊富な専門知識を持ち、レストランなどで、客の好みや要望・食事に合わせて、最適なワインを提供する仕事です。女性の場合はソムリエールという呼称になります。ワインを提供するだけでなく、ワインの仕入れ、保管・品質管理、グラスや備品の管理など、ワインにまつわる幅広い分野の仕事を担当します。ホテルやレストラン、バーなどが活躍の場で、客とコミュニケーションを取りながら、ワインの紹介や、専門的なアドバイスとサービスを提供する接客のプロです。

■達成への流れ
（日本ソムリエ協会の場合）

試験勉強（20歳以上・実務3年以上）

↓

ソムリエ呼称資格認定試験
第一次試験（筆記）
第二次試験（テイスティング・論述試験）
第三次試験（サービス実技）

↓

書類審査

↓

ソムリエとして登録

どうしたらなれる？

無資格でも働けますが、スキルを示す資格の取得が有効です。ソムリエを認定する資格試験は、日本ソムリエ協会と、全日本ソムリエ連盟の2団体が行っています。日本ソムリエ協会は、国際ソムリエ協会とも連携する組織で、アルコール飲料に関する業務に3年以上従事する人を対象とした試験が行われます。全日本ソムリエ連盟の試験は、20歳以上であれば誰でも受験でき、通信講座を修了すると資格取得できる通信コースもあります。

ポイント
ソムリエはフランスなどでは国家資格だが、日本では民間資格

カフェ経営

どんな仕事？

こだわりのカフェで癒しの場を提供する

コーヒーなどのドリンクやスイーツ、フードを提供する飲食店の、さまざまな業務を行います。接客、厨房での調理、仕込み、食材や備品の発注、掃除や片付け、メニューの研究や開発、スタッフの募集や採用、ＳＮＳなどでの情報発信や宣伝、売上管理など、営業時間内外かかわらず幅広い業務をこなします。植物やインテリア、音楽やアートなどで、訪れる人が安らげる空間や時間を演出したり、場所を介してコミュニティをつくることもできます。雑貨などの販売を行うこともあります。

シニアのための＋α

定年後にカフェの開業を夢見る人は多くいます。好きな音楽をBGMにしたり、趣味の作品をギャラリーに飾るなど、一国一城の主となる魅力は大きいです。スクールに通うなどして準備を進め、コンセプトを決めてのぞみましょう。カフェ開業には、保健所の許可(飲食店営業許可)、消防署へ届け出(防火対象物使用開始届)、税務署に開業届提出の手続きが必要です。

どうしたらなれる？

カフェを開業するためには、食品衛生責任者と防火管理者（収容人数30人以上の場合）の資格が必要です。調理師免許は特に必要ありません。カフェをビジネスとしてプロデュースするために、メニューや接客、カフェ空間の内装プランニング、経営などについて、知識や技術を学べるスクールもあります。開業までの相談もできるので安心です。都道府県や商工会議所の開業支援制度などを利用するのもお勧めです。

ポイント

カフェの開業を目指す人の約半数が45歳以上というデータも

■達成への流れ

- カフェのスクールに通う
- カフェで働くなど

↓

都道府県の開催する「食品衛生責任者養成講習会」(1日講習)受講

↓

食品衛生責任者資格取得

↓

管轄の消防署などが開催する防火管理講習受講

↓

防火管理者資格取得

↓

カフェ開業

唎酒師《ききざけし》

どんな仕事？

日本酒の魅力を伝える仕事

唎酒師は、日本酒の販売と提供をする仕事です。飲食店や酒類の販売店などで、アドバイスしたり、ニーズに合うものをセレクトして提案します。飲食関係の仕事では、銘柄ごとの味や香り、造り方など日本酒の知識を体系的に学んでおくと、より顧客のニーズに応えることができます。唎酒師の資格は１９９１年に始まり、飲食サービス業や酒類の流通販売の仕事をしている人を中心に、認定を受ける人が増えています。世界での日本酒人気の高まりもあり、世界で活躍する人もいます。

シニアのための＋α

飲食店の開業を目指しているシニアの人にも資格を取得する人がいます。唎酒師の資格があると、お店の特長を打ち出せて、強みになります。また日本酒好きで、趣味としての資格取得を目指す人もいます。日本酒好きでいろいろな銘柄を飲んできた人でも、日本酒の専門的な知識を身に付けておくと、蔵めぐりをしたりするときにも日本酒をより楽しめます。

■達成への流れ

受講コース	通信プログラム
↓	↓
試験 第1次～第4次試験 （東京他、各地で実施）	添削課題を 提出
↓	↓
唎酒師として認定	

どうしたらなれる？

日本酒サービス研究会・酒匠研究会連合会が主催する唎酒師呼称資格向けの講座を受講し、試験を受けます。受験方法には受講コースと通信プログラムがあります。受講コースの場合は、１日受講、在宅受講、分割受講から選びます。試験の内容は筆記、日本酒のテイスティング、サービスプロモーションなどです。通信プログラムを選択する場合は、添削課題をクリアすると合格できます。

ポイント

仕事にならなくても
日本酒好きがぜひ取得したい資格

番外編

全国に広がる

認知症サポーター

認知症サポーターとは

認知症患者が増え続けていることから厚生労働省では、2005年度から「認知症サポーターの養成」に取り組んでいます。認知症に対する正しい知識と理解を持ち、地域で暮らす認知症の人やその家族に対して、できる範囲で手助けする人を養成しようという試みです。

それを受けて、「全国キャラバン・メイト連絡協議会」が設置され、全国各地で認知症サポーター養成講座が開かれています。対象者は、住民、企業・団体、学校、行政、介護サービス関係者などです。

認知症の基本的知識とサポート方法を学ぶ

認知症サポーター養成講座では、認知症の人は過去と現在を混同してしまうことがあること、外出すると迷子になること、その行為を否定したり、説得することは逆効果になること、周囲の見守りが何より大切など、認知症の特徴と対応方法について学びます。

約90分の講座を受講することで「認知症サポーター」に認定されます。小学生から高齢者までさまざまな年齢の人たちが認定されており、全国キャラバン・メイト連絡協議会(東京)の発表によると、2017年度末で1000万人を超えました。

認知症サポーターに期待されること

- 認知症に対して正しく理解し、偏見を持たない。
- 認知症の人や家族に対して温かい目で見守る。
- 認知症の人や家族に、地域でできることから手助けし、互いに協力する。

シニアのための＋α

認知症サポーターの年代別の割合では、70歳以上が最多です。認知症サポーター講座は自治体と講師であるキャラバン・メイトが協同で開催しています。認知症についてきちんと学ぶことは自分のためにもなり、地域への貢献にもなります。

全国キャラバン・メイト連絡協議会HP
http://www.caravanmate.com/

松本すみ子

有限会社アリア代表取締役、NPO法人シニアわーくすRyoma21理事長。シニアライフアドバイザー、産業カウンセラー、キャリアコンサルタント。1950年生まれ。宮城県出身。早稲田大学第一文学部東洋史学科卒業後20数年間、IT企業で広報、販促、マーケティングなどを担当。2000年に独立して有限会社アリアを設立。キャリアコンサルタント、シニアライフアドバイザーなどの資格を生かし、シニア世代にライフスタイルの提案や情報提供などを開始。また、団塊世代の動向研究、シニア市場に参入したい企業のコンサルティング、調査研究受託、広報支援などを行う。企業、自治体、研究機関、マスコミ・メディアなどでシニア世代に関する講演・セミナー、執筆、コメント・アドバイスなど多数。当事者目線での提言に特徴がある。著書に『地域デビュー指南術～再び輝く団塊シニア～』(東京法令出版)など。

取材・執筆　斉藤道子(Office Bleu)　砂野加代子
古川智子　武藤久登　有山典子
編集協力　笠原仁子(創造社)　斉藤道子(Office Bleu)
装丁　菅谷真理子(マルサンカク)
表紙イラスト　くぼあやこ
本文デザイン+DTP　ウエル・プランニング
企画・編集　端香里(朝日新聞出版　生活・文化編集部)

55歳《さい》からのリアル仕事《しごと》ガイド

2018年9月30日　第1刷発行

監　修　松本すみ子
編　著　朝日新聞出版
発行者　今田俊
発行所　朝日新聞出版
〒104-8011　東京都中央区築地5-3-2
電話　(03)5541-8996(編集)
(03)5540-7793(販売)
印刷所　中央精版印刷株式会社

ISBN 978-4-02-333237-9